JAVIER CANTERA HERRERO

El síndrome de Homer Simpson y otros síndromes laborales típicos

Comportamiento, personas y empresas

ALMUZARA

Fundación
Personas y Empresas

*La edición de esta obra ha sido posible
gracias al mecenazgo de Grupo BLC*

Colección Economía
Editorial Almuzara
Director editorial: Antonio E. Cuesta López
www.editorialalmuzara.com
pedidos@editorialalmuzara.com - info@editorialalmuzara.com

Imprime: Coria Gráfica

ISBN: 978-84-17044-19-0
Depósito Legal: CO-767-2017
Hecho e impreso en España - *Made and printed in Spain*

A mis padres, Santiago y Ana María,
para los cuales espero no haber
sido nunca un «síndrome».

«Lo que los hombres realmente quieren
no es el conocimiento, sino la certidumbre.»
BERTRAND RUSSELL

Prólogo

Javier Cantera es un excelente profesional, pero, por encima de todo, querría destacar su faceta humana. ¡Javier es una gran persona! Sin duda, muchos le conocen por su curiosidad intelectual, por su capacidad para innovar, para crear, para analizar, para sumar y vertebrar experiencias..., y para profundizar en el conocimiento de la psicología, especialmente en el ámbito de las organizaciones. Pero en este prólogo me gustaría destacar su faceta más humana y quizá menos conocida. Javier, además de ser un gran conversador, es una persona sensible, cercana, empática y generosa, que demuestra un gran sentido común y un inteligente y estimulante humor.

Mi trabajo como psicóloga me permite profundizar en el conocimiento del ser humano; por eso, una de las cosas que más valoro es la singularidad, el análisis realizado desde la reflexión profunda y desde la inteligencia aplicada a la realidad de la vida.

Conocí a Javier en un curso de verano en la Universidad Complutense, hace casi 30 años y, a pesar de su juventud, me llamó mucho la atención su claridad de ideas, su pragmatismo y su entusiasmo; aunque lo que más me cautivó fue su capacidad para compartir experiencias, conocimientos y análisis. Sin duda, ya entonces Javier era un ejemplo de persona colaborativa, que sabía utilizar su inteligencia emocional para transmitir, impactar y generar confianza.

Los psicólogos sabemos que hay personas que poseen una serie de habilidades, recursos y competencias que les facultan para determinadas profesiones, y él tiene el don de la comunicación, de la persuasión y de la seducción.

Desde entonces he tenido muchas oportunidades de coincidir, incluso de colaborar y trabajar, en algunos proyectos con Javier, y siempre he sentido esa «satisfacción» que te producen las personas singulares y estimulantes. Hace unas semanas, Javier me comentó que estaba muy ilusionado con este libro, este compendio sobre 24 + 1 «síndromes» aplicados al mundo de las empresas. Javier ha escrito mucho sobre la psicología del trabajo y de las organizaciones, sobre el *coaching*, los directivos…, pero ahora deseaba mostrar al lector un análisis muy estimulante, y quería hacerlo desde la perspectiva que dan los años, la experiencia y la sabiduría de una vida vivida con profundidad.

Comenta mi querido amigo que todos tenemos síndromes, y estoy totalmente de acuerdo con esta afirmación. Es más, la vida sería muy aburrida si todos estuviésemos siempre bien, o resultaría muy caótica si habitualmente estuviésemos mal. Javier dice que quiere despertar nuestra curiosidad, y desde luego lo consigue; una vez que comienzas a leer el libro, sientes cómo tu mente bucea, profundiza y busca análisis, comparaciones y coincidencias en cada síndrome. Y no lo haces, al menos en mi caso, sólo desde la perspectiva de cómo aplicarlo al mundo de los directivos, también resulta estimulante y apasionante buscar otras similitudes que pueden extenderse a muchas más personas. Este libro es un ejemplo claro de cómo se puede profundizar en los principios de la psicología, en los mecanismos, emociones y sentimientos que impulsan al ser humano. Nos pasamos gran parte de nuestra vida en el trabajo, pero no es solo tiempo lo que «gastamos», también son energías, ilusiones, esperanzas y, a veces, experimentamos algunos desengaños en nuestro día a día.

Personalmente, creo que este es el siglo de las igualdades y de las contradicciones, de los descubrimientos y las regresiones, de la libertad y la servidumbre. Hay buenos y malos directivos. En cada síndrome veremos ejemplos que nos permitirán diferenciarlos, pero también observaremos cómo podemos desactivar aquellas conductas que resultan más nocivas y más injustas.

Recordemos que la energía no es infinita, ni el tiempo ilimitado; por ello, si utilizamos bien nuestra capacidad de análisis y de reflexión, la lectura de estos *«Síndromes de Personas en las Empresas»* nos ayudará a saber lo que necesitamos cambiar y nos proporcionará los recursos para conseguirlo.

Vivimos en un mundo lleno de personas que utilizan la provocación para conseguir sus fines; por ello, en los procesos de *coaching*, el autocontrol será una de nuestras principales herramientas; recordemos que quien cae en la provocación no controla sus emociones y no es dueño de sus respuestas.

Javier nos invita en este libro a realizar un viaje inolvidable. El punto de partida es el «Síndrome del doctor House» y el punto final es «El síndrome del 5º Beatle (cómo irse a destiempo»).

Nuestro autor consigue, desde el principio, captar nuestra atención, y lo hace con un estilo muy estimulante, que continuará creciendo con cada capítulo de ese viaje. No tendría sentido que fuera describiendo los distintos síndromes que aparecen. Esa lectura le corresponde al lector, quien descubrirá como todos tienen una clara aplicación; a modo de ejemplo, podríamos señalar el «Síndrome de Fernando Alonso», pues, tarde o temprano, serán muchos los directivos que, en algún momento, deban enfrentarse a la decisión de un cambio de empresa o de equipo. En estas situaciones la psicología es muy clara: ¡es muy importante saber tomar decisiones, pero aún resulta más crucial saber rectificar cuando nos hemos equivocado!

El autor ha conseguido un libro tan sugestivo como didáctico; tan profundo como reflexivo; tan útil como práctico. Gracias, Javier, por tu esfuerzo, por tu actividad y tu energía incansable, por tu curiosidad infinita y por mostrarnos aquello que tardaríamos años en descubrir. Como siempre, te has mantenido fiel a tus principios y a tu trayectoria profesional y personal.

¡Enhorabuena!, felicidades por este libro... y ¡no dejes de sorprendernos con tus nuevas aportaciones, tus reflexiones y tus experiencias!

M.ª JESÚS ÁLAVA REYES

Introducción. Cuando la palabra síndrome es un signo en sí mismo

Aunque el concepto de síndrome ha sido muy utilizado en Medicina desde la época de Galeno, creo que es un gran marco de referencia en psicología social. El concepto síndrome tiene la ventaja de no ser un concepto abstracto sino eminentemente empírico y que además sirve mucho en las descripciones psicológicas por varias razones:

1. *Por ser un conjunto de signos o síntomas,* es decir, consiste en una configuración empírica que habitualmente se relaciona a la vez. Muchas veces lo importante no son los signos sino la relación entre los distintos signos en una misma realidad. A la Psicología le expresa mucho la ventaja de ser un conjunto y que se dan a la vez, por tanto, quedan fuera relaciones causa/efecto que, como esquema mental clásico, tanto daño ha hecho a una ciencia tan empírica como es la Psicología. Buscar causas más que relaciones entre variables es un defecto de una visión experimentar muy lejana a la realidad social. La observación en la realidad del comportamiento humano nos permite identificar situaciones donde confluyen varios signos. Es fundamental la descripción fruto de una observación detallada para generar un concepto común.

2. *Porque un síndrome es plurietológico,* es decir, puede tener multitud de causas y suele ser consecuencia de diversas razones. Este sistema con equifinalidad, como diría la Teoría de Sistemas, nos lleva a evitar buscar razones -porque pueden ser varias y distintas- y a centrarnos más en sus consecuencias. La conceptualización de un conjunto de sistemas en un síndrome no busca encontrar su causa u origen sino más bien catalogar una tipología descriptiva de una realidad psicológica. Es decir, que una vez hecha una taxonomía nos permita hacer una forma de intervenir con mayores posibilidades de éxito que atendiendo a una causa específica.

3. *Por la facilidad de nominarla.* Sabemos que en estos momentos de auge de las redes sociales volvemos al valioso nominalismo medieval. El nombre describe la esencia de lo que es, de ahí la importancia de la semiología en la red. Y al describir una serie de características y síntomas el concepto de síndrome nos permite identificar a alguien con un personaje o una persona real que facilita su comprensión y dominio. Este proceso de describir conductas a través de un personaje famoso nos facilita caer más en la cuenta y poder generar una comprensión más amplia de estas conductas, porque no olvidemos que el comportamiento organizacional necesita de modelos para intervenir adecuadamente desde descripciones exhaustivas de los síntomas.

Por estas razones hemos descrito 24+1 síndromes que durante estos últimos años hemos visto en entornos organizativos. No se trata de buscar una aproximación exhaustiva de síntomas sino de un modelo que sirva para reflexionar de nuestra forma de ser directivos. Esta es mi labor de *coach* y cuando me preguntan por lo normal de una conducta siempre suelo contestar que lo anormal sería pensar que siempre lo que hacemos es normal.

Espero que disfrutéis de estas lecturas realizadas desde el afán antropológico de entender las conductas humanas en las empresas y que, al menos, sirvan para despertar vuestra curiosidad. Lo importante en este tipo de libros no es lo que dicen sino cómo lo dicen. El comportamiento no es un generalización para toda la humanidad sino más bien un prototipo específico en cada persona, por eso debemos trabajar con fronteras líquidas y bosquejos de realidad. No hay que buscar evidencias científicas en este libro porque se trata de una obra centrada en las personas y en la experiencia del observador. Tras más de veinte años asesorando a directivos y aportando una visión de psicólogo del trabajo, me encanta simplemente decir que todos tenemos síndromes. Tener un síndrome es la manifestación más humana de nuestro comportamiento humano porque fruto de nuestra experiencia configuramos diferentes formatos de conductas. Estos formatos podemos explicarlos con el término síndrome porque, al fin y al cabo, un síndrome es un signo en sí mismo.

Estos síndromes fueron escritos durante los últimos tres años en la revista de Grupo Blc llamada *Curiosita* y posteriormente fueron recopilados por la revista *Observatorio de Recursos Humanos* como un dossier para las empresas.

En estas publicaciones de síndromes psicológicos en la empresa vamos a abordar todos aquellos que suelen aparecer en la interacción humana dentro de una organización. El concepto de síndrome se refiere a un conjunto sistemático que concurre al mismo tiempo y forma y que conforma un cuadro psicológico. A diferencia de los síndromes médicos, en los psicológicos por su naturaleza plurietiológica nos centramos más en las soluciones que en los problemas. No se trata tanto de por qué surge un síndrome (suelen ser concausas y multitud de variables) sino en cómo debemos vivir dichos síndromes. Por tanto, estos capítulos van a describir situaciones psicológicas y a pautar una serie de conductas para poder convivir con dichas situaciones. No se trata de curar, explicar o tratar sino más bien de ser conscientes para adaptarse a la situación.

Como dicen los viejos adagios castellanos: «*No hay mal que por bien no venga*».

Les deseo una lectura con dudas y retos y que, al final, con una plena sonrisa consideren que es normal tener síndrome, aunque sea el síndrome de no querer tener ningún síndrome.

JAVIER CANTERA HERRERO

SÍNDROME HOMER SIMPSON: INSATISFACCIÓN, ESCAQUEO Y SOBREPESO

LAS PERSONAS QUE SE ESCAQUEAN NO SON CONSCIENTES DE QUE ES LA INSATISFACCIÓN LA QUE GENERA PRECISAMENTE SU ASTUCIA VITAL PARA HACER PENSAR QUE TIENEN MUCHO TRABAJO.

LOS PLANES DE BIENESTAR PERSONAL PROPORCIONAN A LAS PERSONAS HERRAMIENTAS PSICOLÓGICAS PARA SUPERAR ESTA SITUACIÓN DE INSATISFACCIÓN.

Este síndrome se refiere a los altos niveles de insatisfacción con el trabajo que uno realiza y también a las conductas de evitación que se efectúan a través del escaqueo y que provocan desordenes psicosomáticos. Como sabemos, Homer Simpson está en un continuo bucle de insatisfacción laboral y de trastornos alimentarios asociados que provocan insatisfacción a muchos trabajadores en la actualidad.

Uno de los principales problemas actuales de la empresa es la alta insatisfacción laboral agravada por la flexibilidad salarial, por el sentimiento de privilegio por tener trabajo y por la escasez de ofertas en el mercado laboral. Estas «cárceles doradas» que son los puestos de trabajo actuales conllevan unas características de mayor desasosiego ya que encima no se puede protestar. Como decía un amigo director de Recursos Humanos, nunca hemos obtenido mejores datos en las encuestas de clima laboral que ahora, pero a la vez tenemos realmente más insatisfacción laboral, es decir, menos no lo creemos. Estamos insatisfechos pero no podemos protestar porque hay una serie de frases asesinas que emergen en el momento de hablar: «*Con el frío que hace fuera*», «*Quien cae en el desempleo no encuentra trabajo*», etc. Con este panorama de callejón sin salida, en el que los sindicatos han pasado de ser un contrapoder a ser un gestor de penurias, en el que la formación y el desarrollo se consideran un lujo extempóreo y en el que para estar motivado hay que venir con la sonrisa puesta de casa. ¿Qué podemos hacer? Parafraseando a Platón, la obra maestra de la insatisfacción es parecer que estás motivado sin estarlo, y para saber qué podemos hacer posibilistamente debemos analizar sus efectos psicosomáticos como son los niveles de estrés, sobrepesos y otros efectos físicos y mentales.

En un primer lugar, hablamos del escaqueo, que a todos los que tenemos una determinada edad nos recuerda a la «mili», donde lo ideal era parecer laborioso externamente cuando en el fondo lo que se hacía era pasar de lo que había que hacer. El escaqueo es un arte en las grandes corporaciones y/o administraciones públicas pero su principal peligro no está en la intensidad del trabajo sino en la poca calidad que supone un entorno de insatisfacción laboral. La actitud del escaqueo encierra una sutil venganza, expresada por aquel sindicalista que me decía en una mesa de negociación: «*Me engañaréis en el salario pero no en el trabajo*». Pero, además, esta venganza por la insatisfacción no debe notarse porque el miedo a la pérdida del trabajo es helador. En esta encrucijada vital se encuentran muchos trabajadores que canalizan su desazón con la astucia del pícaro español de la Edad Media. La picaresca laboral no se centra en escalar a roles de dirección, porque poco puede aportar tener un mando en un entorno de continua insatisfacción sino, más bien, en que no se note la propia insatisfacción y en tener una alta reputación laboral. El concepto de reputación laboral preocupa tanto que implica no arriesgarse con innovaciones o proyectos de riesgo para el prestigio personal. Como decía Tolstói: «*Las familias felices (los trabajadores satisfechos) se parecen, y las infelices (los trabajadores insatisfechos) tienen su propia manera de serlo*». Quien no adopta una actitud de escaqueo presenta ciertas conductas de evitación, y ahora encontramos conductas como la exaltación del ocio (hay que destacar el auge de la práctica de los ocios más diversos) o como la entronización de la familia. Hay una investigación de la Universidad de Chicago en relación al incremento de fotos familiares en las oficinas en épocas de crisis que es sintomático del nivel de insatisfacción laboral. Pero, sin duda, las conductas más preocupantes son las relacionadas con el cuerpo, desde la vigorexia con la que algunos intentan compensar su vacío laboral hasta las respuestas psicosomáticas, como nuestro Homer Simpson, de trastornos alimenticios, relaciones de pareja, de conflictos generacionales, etc. Estos efectos deben conocerse pero ante todo deben servir para generar respuestas a la pregunta: ¿Qué hacemos?

En un entorno de austeridad sobrevenida como es el actual no podemos plantear planes de enorme inversión, no sólo por su inviabilidad económica sino fundamentalmente por su validez ecológica: «*Con la que está cayendo y nosotros...*». Para evitar estas frases dolientes debemos pensar en lo que decía Ortega y Gasset con esta inmejorable frase para épocas como la actual: «*No sabemos lo que nos pasa y eso es precisamente lo que nos pasa, no saber lo que nos pasa*», es decir, lo primero es asumir la insatisfacción. Las personas que se escaquean no son conscientes de que es la insatisfacción la que genera precisamente su astucia vital para hacer pensar que tienen mucho trabajo. El escaqueo actual no es tan vistoso como el de Homer Simpson en la planta nuclear sino más enmascarado. Utilizar las copias de mail para divulgar tu actividad (la dictadura de la copia «infoxicadora» a los jefes) o utilizar las *conference call* como disculpa para tomar decisiones con el mantra de la visión compartida demuestran que el escaqueo se ha digitalizado. Este escaqueo 2.0 hay que describirlo para hacer consciente al trabajador de su nivel de insatisfacción. Tras la conciencia de esta situación tenemos que generar un plan de bienestar personal que proporcione a las personas herramientas psicológicas para superar esta situación de insatisfacción. Todo el mundo en esta época necesitamos reinventar nuestro bienestar, pues ya lo decía el empresario Juan March: «*Todo hombre tiene un precio, y si no lo tiene, es que no lo vale*», aunque yo lo transformo aplicándolo al bienestar: todos tenemos necesidad de tener bienestar, y el que piensa que no necesita de bienestar se está autoengañando en su valor personal. No es el momento de convertirnos en un *workalcoholic* por la falta de satisfacción laboral, sino de la templanza laboral asumiendo la insatisfacción coyuntural. Esta templanza laboral que reivindico se centra en la profesionalidad, el trabajo bien hecho per se, en la satisfacción centrada en tu tarea y, sobre todo, en tu equilibrio personal que necesita de tu bienestar. Apostar por tu bienestar implica superar los niveles de insatisfacción laboral con una apuesta positiva y no poniendo foco en conductas de escaqueo, que sólo exaltan la sentencia de Jean de la Fontaine: «*Engañar al que engaña es doblemente entretenido*», porque al final a quien se engaña es a uno mismo. Las conductas de evitación implican un autoengaño personal. Los planes de bienestar personal se basan en difundir herramientas sensibles para saber relajarse (*mindfulness*) o saber a poner foco vital (*focusing*) o saber de motivarte o saber gestionar el estrés, en fin, buscar tu templanza laboral.

Estoy seguro que daría para varios episodios de *Los Simpson* ver a Homer buscando su bienestar, pero estoy seguro que su voracidad mórbida, su relación familiar y, sobre todo, su afán personal cambiarían. No creo en empresas llenas de Homer Simpson como consecuencia inevitable de esta indómita crisis, sino más bien en personas conscientes de la situación que, con realismo, apuestan por su salud (no hay salud física sin salud psíquica) y que, ante todo, sean personas en búsqueda de su equilibrio personal.

Para terminar, me gustaría destacar la labor terapéutica de *Los Simpson*, al ser reflejo de trastornos conductuales tan claros que nos posibilitan saber lo que no queremos ser. Como dicen muchos sociólogos americanos, *Los Simpson* se están constituyendo en un recurso pedagógico muy valioso, ya que a través de la ironía expresan lo caricaturesco de lo grotesco. Antes de los *Los Simpson* ya lo decía nuestro querido Cervantes, que utilizando la figura irónica del Quijote y Sancho Panza, nos ha servido durante siglos para estereotipar al ingenioso no pragmático y al realista sin ambiciones. Y, qué mejor que acabar con una frase de Cervantes, que en mejor castellano de lo que podría haber dicho Homer Simpson en su macarrónico inglés nos dice: «*Encomiéndate a Dios de todo corazón, que muchas veces suele llover sus misericordias en el tiempo que están más secas las esperanzas*». En tiempo de sequía de esperanzas por lo menos tenemos la templanza de ser una persona en bienestar consigo misma. Os lo juro, no hay mejor misericordia que dedicarte a ser mejor persona en tu entorno laboral.

? **PREGUNTA PODEROSA**
¿La insatisfacción laboral no solo es debido al tipo de trabajo que haces sino también a tu desarrollo personal?

? **IDEA ÚTIL PARA LA PERSONA**
Trabaja tu desarrollo personal para tener mejor nivel de satisfacción con el trabajo.

? **IDEA ÚTIL PARA LA EMPRESA**
Implanta programas de desarrollo del bienestar de los empleados. Si quieres tener mejor nivel de engagement.

SÍNDROME PUNSET: LA OBSESIÓN DE EXPLICARTE LAS CRISIS

Buscar explicaciones profusas nos quita fuerza para adaptarnos al ritmo de cambo de aprendizaje de estas nuevas épocas.

Adaptarse a esta nueva situación desde una perspectiva mental es el mejor ejercicio competitivo.

Centrarse en adaptarse por la proactividad, el aprendizaje y la resistencia para insistir más que buscar explicaciones a la crisis. Poner foco en la adaptación es parte de la solución y no del problema.

Yendo por delante mi admiración a la labor divulgadora de Eduard Punset, denomino el Síndrome Punset a aquel que se manifiesta en algunos directivos a la hora de explicar concienzudamente su razonamiento sobre la crisis. En mi «diario de consultor» tengo identificadas más de 60 razones o argumentos para explicar el por qué de la crisis y más de un centenar de los más inverosímiles responsables de la misma. A manera de ejemplo os digo que tengo apuntada la razón de aquel directivo que decía que la crisis es debida a la «refolución», es decir, a intentar conseguir la revolución a través de las reformas y con una mente conspiranoica, identificaba que son los parados los que generan la crisis. Y lo más curioso sobre la autoría de la crisis era aquel otro directivo que decía que era debido a «Merkiavelo», dando a la canciller Merkel una capacidad maquiavélica de querer ganar una ficticia tercera guerra mundial. Ya está bien de buscar causas y culpables de una crisis de paradigmas. Si estamos en un nuevo «Renacimiento» lo importante no es analizar la crisis de la Edad Media sino más bien el liderazgo renacentista. Buscar explicaciones profusas nos quita fuerza para adaptarnos al ritmo de cambo de aprendizaje de estas nuevas épocas. A continuación voy a intentar reflexionar en tres planos: en primer lugar, sobre la complejidad de explicar la crisis; en segundo lugar, el interés por apostar por capacidades hacia el cambio, y en último lugar, una pequeña digresión sobre la actitud reactiva de buscar razones.

Los directivos con síndrome «Punset» no caen en la cuenta de la complejidad de la crisis actual porque, como decía Nietzsche, *«una generación debe comenzar la batalla en la que otro ha de vencer»*. Lo importante es plantar batalla a la crisis, no analizar el origen de la guerra. Centrarse en los «porqués» sin distancia histórica y con contaminación personal nos lleva a la divagación de café o bravata de tertuliano. Y a pensar que nos pongamos muy serios e intentemos adoptar una actitud científica (incluso con gestos punsetianos) no dejamos de querer tener razón. La complejidad de esta crisis es epistemológica porque tiene las siguientes características básicas:

1. **La crisis tiene varias concausas, no una única causa como pretenden buscar estos aprendices de Punset.** El directivo intenta simplificar la realidad buscando la causa y sin tener una perspectiva histórica persiste en el error epistemológico del sesgo del observador. Decía Miguel de Cervantes: *«Confía en el tiempo, que suele dar dulces salidas a muchas amargas dificultades»*. Buscar ahora causas explicativas únicas es como creer en el Bálsamo de Fierabrás.

2. **En cualquier explicación de una realidad compleja como esta necesitamos visualizar variables moduladoras que hacen parecer que una causa es un efecto o**

viceversa. Nadie puede tener una visión tan amplia para identificar todas las variables que indicen en la crisis. Y si no, el famoso principio del San Sentido Común: «*Por el análisis a la parálisis*».

3. **La necesidad de tener una visión gestáltica de una crisis tan compleja.** No se trata de analizar causas y variables aisladamente sino también por su interacción. No es sólo un efecto sumatorio sino más bien multiplicativo. El sistema que explica la crisis conlleva el famoso efecto denominado «Tormenta perfecta», en el que diferentes variables, cuando se juntan, desencadenan unos efectos diferentes que los que provocan cada una aisladamente. Siguiendo a Einstein, «*lo incomprensible del universo es que sea comprensible*»; podemos indicar que lo raro es que se pueda comprender esta crisis con tantas interacciones.

4. **Y, por último, esta crisis pone en marcha el principio de la equifinalidad, es decir, que se llega al mismo resultado por medios diferentes.** Por tanto, centrarse desde las consecuencias a analizar causas y causantes es un esfuerzo espureo y harto difícil.

Estas primeras reflexiones me llevan a pensar que explicar la crisis es un ejercicio académico en este momento, y mis queridos directivos «punsetianos» deben pensar que lo importante no es el diagnóstico por su dificultad y tiempo, sino en la capacidad de cambio que vamos a ver a continuación.

Estas segundas reflexiones se basan en el concepto de adaptación. En muchas ocasiones he observado que junto a la obsesión por explicar la crisis tenemos la pobreza de trabajar la capacidad de adaptación. Adaptarse a esta nueva situación desde una perspectiva mental es el mejor ejercicio competitivo. Pensemos que un poeta palentino como Jorge Manrique nos daba una gran lección frente a esta crisis en su famoso poema *Coplas a la muerte de su padre* cuando nos dice: «*Como a vuestro parecer cualquier tiempo pasado fue mejor. Y pues vemos lo presente como en un punto de es ido* y acabado, *si juzgamos sabiamente daremos lo no venido por pasado».* Lo no venido por pasado es el espíritu de nuestra capacidad de aprendizaje y de adaptación. Como no sabemos cómo vamos a acabar debemos construir nuestra fuerza en nuestro hacer diario, cambiando y probando nuevas formas de hacer para mejorar nuestro valor añadido empresarial. Ahí es donde debe estar el directivo, es decir, en poner foco en adaptarse al futuro. Para mí esta capacidad tiene tres grandes elementos:

1. **Actitud proactiva.** Buscar lo nuevo como algo competitivo. Probar para cambiar y ante todo estar predispuesto a generar errores para saber lo que queremos o podemos ser, o simplemente lo que no queremos ser.
2. **Capacidad de aprendizaje.** De nada vale ser proactivo si no aprendes de tus errores. El balance diario de lo que aprendes es básico para conseguir el máximo provecho a tu proactividad. El error es una fuente experiencial siempre y cuando sirva para aprender. Ser «capitán araña» sin reflexionar sobre el aprendizaje del ser pionero implica tener arrojo pero no ser operativo.
3. **Saber sufrir.** Estamos en un momento de saber dimensionar tu desazón frente a los frecuentes fracasos o sobresaltos en la Empresa. No quiero deteriorar el concepto tan potente que es la resiliencia porque actualmente se está convirtiendo en una palabra que lo explica, más bien me gustan estos dos infinitivos de «saber sufrir». Hay muchas personas que son proactivas y ayudan pero que no perseveran tras un fracaso. El fracaso es una valoración tan subjetiva como el éxito, y saber sufrir se refuerza con aquellas frases que lanzó Julio Iglesias: *«Cuando lo tienes todo, no aprecias nada»*, que en este momento cambiará sus términos por «cuando nada tienes, lo aprecias todo».

Es esta reflexión directiva la que debemos oír: centrarse en adaptarse por la proactividad, el aprendizaje y la resistencia para insistir más que buscar explicaciones a la crisis. Poner foco en la adaptación es parte de la solución y no del problema.

Y, por último, me gustaría apuntar una reflexión sobre la actitud de buscar causas en las empresas. Yo creo que el ámbito académico y universitario (que viene de universal) es necesario para la sociedad por su elemento reflexivo, explicativo y, ante todo, inductivo de nuevas ideas. Es adecuado que en este ámbito se analice profesionalmente la crisis, pero en el ámbito empresarial debemos ser muy operativos; creo que estamos generando una actitud muy reactiva a abordar la crisis desde nuestro negocio y óptica específica. La tecnología y la internacionalización son dos apuestas de nuestra capacidad de adaptación empresarial y no debemos olvidar que el tiempo de reflexión directiva es limitado y es preferible que te pillen adaptándote que no reflexionando en el origen de la crisis. Como diría Francisco de Quevedo: «*Ya no es ayer; mañana no ha llegado, hoy pasa y es*». El hoy es adaptarse y el mañana, ¿yo que sé?

❓ PREGUNTA PODEROSA
¿Por qué buscar los porqués de la crisis es más importante que trabajar en cómo adaptarte a la crisis?

💡 IDEA ÚTIL PARA LA PERSONA
El aprendizaje constante y la proactividad es la mejor receta para superar una crisis.

💡 IDEA ÚTIL PARA LA EMPRESA
Más vale una nueva acción que mil explicaciones de por qué vamos mal. Más hacer cosas nuevas que buscar causas de la crisis.

SÍNDROME TINTÍN: EL OPTIMISMO INTELIGENTE

EL OPTIMISTA NO PIENSA EN EL FRACASO Y SI SUCEDE RACIO-
NALIZA A TRAVÉS DEL APRENDIZAJE QUE LE HA SUPUESTO,
PERO NO SE LLEVA LAS MANOS A LA CABEZA Y SE REPROCHA EL
HABERSE PUESTO A HACER.

A LAS PERSONAS CON SÍNDROME TINTÍN SE LAS RECONOCE POR
SU ACTITUD PARA RECONOCER EL TRABAJO COMO UN FIN EN SÍ
MISMO Y NO COMO UN MEDIO. NO SE TRABAJA PARA VIVIR, SINO
QUE EN SU CONCEPCIÓN DE VIDA EL TRABAJO ES SU PRINCIPAL
VARIABLE EXPLICATIVA.

EL SÍNDROME TINTÍN TE GENERA UNA SONRISA CONTINUA POR
SU ACTITUD VITAL Y NOS DICE QUE LA NEGATIVIDAD NO ES
SERIA, MÁS BIEN ES ABSURDA RACIONALMENTE.

A un «tintinólogo» declarado como el que escribe este síndrome le produce siempre una sonrisa explícita. El síndrome
Tintín, como el personaje de Herge, se refiere a aquellas personas que irradian su optimismo en su quehacer diario y, con
mucho sentido común, expresan los sinsabores de la situación
con verbos de acción. Tintín es el personaje que más actúa,
hace y piensa en positivo, no deja de intentar las cosas por
mucho que oiga ecos de desánimo a su alrededor. Creo que es
un tributo intelectual la figura de Tintín porque representa a
este tipo de persona actual que arrastra a sus grupos a superar
la situación. Superar significa ir más allá de la supervivencia,

se plantea hacer cosas nuevas para obtener resultados diferentes y, ante todo, pone una sonrisa y una esperanza con indudable energía en busca de las soluciones. No creo en la fuerza del pesimismo sino en el ímpetu optimista matizado por el raciocinio de nuestro sentido común. Ya lo decía Epicuro: «*No es el joven quien debe ser considerado afortunado sino el viejo que ha vivido bien y que quiere seguir siendo joven*». Hay multitud de personas que tienen el impulso «mental» de Tintín y se esfuerzan diariamente en alimentar sus ilusiones con nuevas ideas ¿O no son tintines el Papa Francisco, el telegénico Obama o el bienamando ausente Mandela? Imprimir la energía del optimismo no supone obnubilar el sentido común, pues ya lo decía Don Quijote (otro sabio Tintín): «*Porque no es bien que mi flaqueza defraude esta verdad*». El sentido común es el verdadero sexto sentido de las ciencias ocultas. Muchas veces pienso ¿qué haría Tintín dirigiendo una empresa?, y a lo largo de estos años he encontrado verdaderos «tintines» empresariales con una serie de características que coinciden con las que el diseñador Paul Smith ha presentado en su exposición sobre el mundo de la moda en el Museo de Diseño de Londres. En esta muestra Paul Smith da los cinco consejos o pistas para ser creativos que a mí se me antoja que Tintín asumiría como propias y que los directivos con este síndrome suelen tener:

1. **Empieza algo nuevo.** ¿Cuándo fue la última vez que empezaste a hacer algo nuevo? El vértigo de entrar en una zona de aprendizaje sin más herramienta que tu saber y tu querer. Empezar algo diferente no sólo es una actitud optimista sino fundamentalmente inteligente. En lo nuevo estará el futuro ya que el presente se debate con nuevos paradigmas donde no nos sirve nuestra experiencia previa. Mi abuelo llevaba las ovejas a aquellos prados que en la época del año su propio abuelo le había dicho que eran los mejores; hoy día mi primo mide el ph de la hierba y según las previsiones meteorológicas de su móvil decide donde llevar a las ovejas a pastar. En fin, lo

nuevo basado en la interpretación que da nuestra experiencia siempre es una grata ocasión para ser optimista e inteligente. Lo nuevo es vital porque cambia tu entorno, hacer algo diferente genera unas nuevas condiciones de competitividad. Como decía Ortega y Gasset, *«la vida es, esencialmente, un diálogo con el entorno»*. Si hacemos algo nuevo cambiamos el diálogo con nuestro entorno, por tanto, generamos una nueva realidad. Tintín era un verdadero campeón de la novedad, no le asustaba ser aprendiz en cada momento. Ser aprendiz es la actitud fundamental para aceptar el cambio que te produce lo nuevo.

2. **No puedes hacerlo hasta que te pones a ello.** Este consejo para creativos de Paul Smith es un canto al hacer más que al pensar. Pensar hacer es un prólogo, pero la novela es el hacer, donde se aprende y donde nos equivocamos. Ponerte a hacer es una actitud vital de un optimismo racional, probar es un verbo de acción que puede acabar en el error pero siempre acarrea aprendizaje. Prometer hacer es un estadio de palabras y no de hechos. Ya lo decía Quevedo: *«A las promesas miró como a espías»*. Hablar es un mal común en este momento de crisis, donde el hacer es la única oportunidad de cambiar dicha realidad. Hacer por hacer no es el sentido de nuestro Tintín sino hacer para saber hacer, es decir, aprender y reflexionar de nuestro hacer sobre lo nuevo. El pánico al error o el miedo a la vergüenza a equivocarse son sentimientos pesimistas porque suponen ya el error y la equivocación. El optimista no piensa en el fracaso y si sucede, racionaliza a través del aprendizaje que le ha supuesto, pero no se lleva las manos a la cabeza y se reprocha el haberse puesto a hacer. Con muchos Tintines habría más errores pero también más aprendizaje que pudiese servir para un futuro hacer.

3. **No se trata de trabajar muchas o pocas horas, se trata de trabajar cada hora.** Con un trabajo configurado por una tecnología deslocalizadora no podemos pensar en

tiempo de trabajo. El concepto horario responde a una visión funcional del trabajo. El trabajo no es un tiempo es un hacer y, por tanto, es tu nivel de responsabilidad personal y de *empowerment* el que determina tiempo a trabajar. Esta concepción continua del trabajo debe basarse en la confianza y, ante todo, en la capacidad productiva de cada persona. Trabajar como si fuese una actividad propia de tu quehacer conlleva una visión optimista de la realidad. El trabajo no es una condena sino un espacio de expresión personal. A las personas con Síndrome Tintín se las reconoce por su actitud para reconocer el trabajo como un fin en sí mismo y no como un medio. No se trabaja para vivir sino que en su concepción de vida el trabajo es su principal variable explicativa. Y parafraseando a Marcel Proust: «*A veces estamos demasiados dispuestos a creer que el presente (el horario) es el único estado posible de las cosas*». Trabajar no es una carga, como bien expresaba Tintín, y para él ser reportero era su forma habitual de entender el mundo. El futuro del trabajo flexible es el presente tecnológico y, por tanto, el empleado 3.0 (en cualquier lugar, a cualquier hora) es una oportunidad para un optimista racional.

4. **Siempre hay espacio para romper las reglas**. Tintín es el mayor ejemplo del heterodoxo dentro de la ortodoxia, sin romper la baraja crea nuevas reglas para jugar. Si hay negocios tan tradicionales como el circo (Cirque du Soleil) y las cafetería (Starbucks) han cambiado sus reglas sin olvidar sus esencias, hay espectáculos circenses, pero sin animales y con buen olor, y se prueba un rico café aunque tengas que servirte tú el azúcar y que conozca tu nombre todo el establecimiento. Romper reglas no significa romper tu identidad. Ya lo decía el actor Elliot Gould: «*Nadie puede ser esclavo de su identidad, cuando surge la posibilidad de cambio, hay que cambiar para seguir siendo el mismo*». La creatividad de lo nuevo necesita nuevas reglas para entender la realidad. No pode-

mos probar a hacer cosas nuevas con herramientas y formas de trabajar antiguas. Hay que crear nuevos métodos o, como Tintín expresaba con el saber, estar a la última para conseguir aquello que tenemos que obtener. Y, siempre recordar aquel pensamiento de Pablo Neruda: «*Queda prohibido no sonreír a los problemas, no luchar por lo que quieres, abandonarlo todo por miedo, no convertir en realidad tus sueños*». La actitud de romper reglas supone el optimismo de saber que vas a conseguir algo mejor. Sabemos que sin romper huevos no se hace una tortilla, y sin romper prejuicios, nuestro amado Nelson Mandela, no habría podido superar una guerra racista previsible.

5. **Tómate muy seriamente el placer.** Este último consejo de Paul Smith es el que más gustaría a Tintín. Su sonrisa permanente, su apertura a conocer nuevos amigos, a entrar en nuevos misterios y a agitar nuevas ideas y situaciones se basaba en una visión lúdica del hacer. Cuando a Mandela le preguntaron en una televisión americana porqué sonreía tanto, solamente balbuceó: «*Porque sonreír es hacer sonreír al otro*». La sonrisa es empática por naturaleza y junto al dar las gracias y pedir perdón son las tres conductas fundamentales de un optimista racional. Reírse de uno mismo, dar las gracias al que te ayuda y pedir perdón cuando te equivocas al aprender son conductas realistas y, ante todo, optimistas. El placer de hacer lo que quieres hacer basándote en tu saber y con respecto a tu entorno social es una forma de actuación de Tintín. El Síndrome Tintín te genera una sonrisa continua por su actitud vital y nos dice que la negatividad no es seria, más bien es absurda racionalmente. Pensar en que vas a conseguir lo que te propongas es el primer paso para conseguirlo. Hay que huir de una visión reduccionista del placer, el concepto de placer debe residir en el balance diario de tus sonrisas, pues en el mismo día tenemos que convivir con momentos amargos para apreciar la propia felicidad.

En fin, con su experiencia de diseñador de moda Paul Smith resume los principios de la psicología positiva. Lo nuevo, el intento de hacer las cosas, la energía del trabajo como un fin, la creatividad en los medios para trabajar y el placer de trabajar son los principios para ser feliz en el trabajo. No me gustan los discursos pacatos de «Ser feliz» sin hablar de conductas concretas para ser feliz. No hay que hacer un panteísmo de la felicidad, la cual nunca será plena gracias a Dios. Hay que tener disconfort para apreciar el confort de estar feliz. No se puede ser feliz sino estar habitualmente feliz.

Y, para acabar, un anécdota de un guerrillero español en la Guerra de la Independencia, que ya lo hubiese hecho Tintín antes incluso de que Herge lo hubiese creado. Julián Sánchez «El Charro» capitaneaba un escaso número de guerrilleros que se enfrentó a todo un regimiento de Dragones Franceses que les quintuplicaban en número y que aun así huyeron en desbandada. Cuando un general español le felicitó por la hazaña, le inquirió sobre si había tenido miedo y cómo se atrevió a tal locura, y Julián solamente dijo: «*No los conté, mi general*». Por muy grande que sea la dificultad no hay que evitar presentar una sonrisa al destino; eso sí, astutamente debemos reflexionar dicho destino con nuestro sexto sentido, el querido sentido común. ¿No es Tintín una sonrisa con sentido común?

❓ **PREGUNTA PODEROSA**
¿Ser optimista es más adaptativo que ser pesimista?

💡 **IDEA ÚTIL PARA LA PERSONA**
Ser optimista pero con inteligencia es la mejor actitud fuerte.

💡 **IDEA ÚTIL PARA LA EMPRESA**
Fomentar el optimismo desde el pragmatismo de lo posible.

EL SÍNDROME WALTER MITTY: SABER SOÑAR PARA SER PRODUCTIVO

La innovación, la creatividad y la frescura mental no dependen de una formación presencial sino del *empowerment* y la libertad personal para soñar en tu empresa.

Cualquier solución en la red necesita del colectivo para crecer y en este momento vemos que la rebelión de las masas de la que hablaba Ortega y Gasset es la rebelión de la red. La democracia de los conocimientos es el nuevo paradigma del aprendizaje, no sabe el que sabe sino el que sabe dónde se sabe.

Centrarte en pensar en tu espacio, en tu tiempo y en un lugar es una visión trasnochada; hoy hay que visualizar el futuro como el campo de tu fantasía y el mundo como el ámbito de tu trabajo.

Este síndrome se refiere a las personas que se instalan en un mundo alternativo y fantasean más allá de su realidad habitual. El relato de James Thurber, *La vida secreta de Walter Mitty*, sobre un soñador compulsivo, ha dado origen a dos películas y a un estereotipo del trabajador que tiene sueños diurnos que hacen confundir su realidad laboral con sus sueños aspiracionales. En las épocas de duras condiciones laborales (breves salarios y horarios open) se dan mucho las fantasías diurnas, y lo peor es que a veces constituyen el único elemento de fuga personal. Como sabemos por las investigaciones de la psicología del trabajo, las fantasías son necesarias para contrastar tu querer en tu hacer, pero siempre y cuando supongan una dosis adecuada. Ya lo decía el compulsivo poeta portugués Fernando Pessoa: «*El que sueña lo posible tiene la posibilidad real de la verdadera desilusión*», y puestos a soñar desarrollemos mundos ideales, ya que soñar con pequeñas realidades puede volverse en una realidad de escabrosas expectativas incumplidas. De aquí la importancia de saber soñar para ser productivo, no os olvidéis de la ley de Google (y no me refiero a sus problemas con Europa), que nos dice que ser muy bueno no basta para trabajar en Google, sino que hay que fijarse objetivos/ambiciones que, aunque sepamos que no podemos alcanzar, nos desarrollan a través el esfuerzo que empleamos para conseguirlos. En este sentido soñar con objetivos retadores es un buen inicio de tu productividad. Ser un Walter Mitty profesional supone un reto continuo por hacer algo diferente en tu profesión. Soñar con algo nuevo, distinto e innovador es el comienzo de tu fuerza productiva autónoma.

Este síndrome tiene que ver con la utilización de las fantasías personales como motor de la motivación personal. Cuando en la cultura Google se dice que de cada hora de trabajo debes dedicarte unos minutos a ti personalmente es porque se sabe que las ideas surgen trabajando pero que la calidad de estas ideas necesita de la locura de las fantasías personales. La innovación, la creatividad y la frescura mental no dependen de una formación presencial sino del *empowerment* y la libertad personal para soñar en tu empresa. Debemos posibilitar que las personas sueñen en su trabajo si queremos no sólo tener productividad operativa sino motivación personal que nos lleve a la productividad mental. Muchas veces he pensado en diseñar programas de saber soñar para ser productivo. ¿Alguien sabe de la fuerza del reto personal desde la aceptación de una realidad paupérrima? Más bien superamos dicha realidad cuando planteamos futuros posibles pero difíciles en tu empresa. Por ello, saber utilizar la fantasía en el ámbito laboral nos ayuda a protegernos de una serie de comportamientos en la empresa que matan la productividad.

Entiendo la productividad no como una pura ejecución sino como la creación de nuevas ideas y enfoques de la realidad empresarial y, por eso, hoy día nos debe preocupar más el absentismo psíquico o el escaqueo que el absentismo físico porque en una economía del conocimiento no se trata de hacer cosas sino también de crearlas. Hay que encaminar la fuerza de la fantasía a tu crecimiento profesional, que debe ser coherente con tu desarrollo personal. Gilette nos cuenta cómo le vino la idea de la maquinilla que revolucionó una forma de entender el aseo personal: *«La idea vino a mí más como la rapidez de un sueño que como la lentitud de un razonamiento»*. La innovación empresarial necesita de las fantasías profesionales de personas libres en la empresa. Para explicar mejor la productividad de las fantasías nada mejor que utilizar los principios culturales de Google, que indican qué conductas refuerza para canalizar los sueños hacia el trabajo. La cultura Google (podéis verla en su página web) se basa en diez cosas que sabemos que son de sentido común pero que hay que llevarlas a cabo. Ya esta misma expresión de cosas que han servido es innovadora, ya que se olvida de las magnificencias de términos como los principios. Las siguientes frases me van a permitir explicar la importancia de saber soñar en la empresa:

1. **Piensa en el usuario y lo demás vendrá solo.** Pon foco en tu fantasía y céntrate en los que van a usar tus ideas. Me acuerdo de aquel viejo campesino que me decía: *«para romper las normas lo primero que hay que hacer es dominarlas»*. Nadie puede hacer nada nuevo si no conoce lo antiguo, pero conocer no significa dar clases sobre lo antiguo. Lo importante es escuchar a los clientes para reinventar continuamente nuestra experiencia con él. Poner foco en el usuario supone canalizar tu imaginación hacia la efectividad.

2. **No hay nada mejor que el afán de superación.** Apelar a los continuos esfuerzos para resolver problemas difíciles supone poner el acento en el trabajo aspiracional como elemento motivacional. La motivación no está en trabajar bien sino en superarse cada día en lo que se sabe hacer. Sin el esfuerzo de ir a cumplir las fantasías laborales no se pueden conseguir mayores y mejores soluciones profesionales. Trabajar bien supone retarse diariamente con ser mejor. Siempre recordaré la frase que Lauren Bacall dijo a Humprey Bogart: *«Eres tan extraordinario que no se puede conocerte de golpe»*; la superación personal en tu profesión es tan extraordinaria que no se puede conocer de golpe.

3. **Es mejor ser rápido que lento.** Saber soñar no implica embobarte en tus sueños, sino en gestionar tu presente con rapidez para obtener tus servicios. La rapidez no es sinónimo de no calidad sino de respeto a tu tiempo vital. No podemos pensar en imposibles que implican tiempos externos sino en operativizar tu hacer con la fuerza de tus sueños. Como dice Simeone, entrenador del Atlético de Madrid, hay que obtener resultados partido a partido, pero esta visión productiva supone un fuerte sueño de poder ser. En su último libro, *David y Goliat*, Malcom Gladwell explica que en el arte de luchar contra gigantes vale más la palanca de la fantasía que la laboriosidad del trabajador productivo.

4. **La democracia es una buena forma de gobierno.** El mundo web ha revitalizado la importancia de las experiencias personales. El trabajo de todos los usuarios crea nuevas experiencias colectivas. Los sueños son más posibles cuanto más los compartimos. Cualquier solución en la red necesita del colectivo para crecer y en este momento vemos que la rebelión de las masas de la que hablaba Ortega y Gasset es la rebelión de la red. La democracia de los conocimientos es el nuevo paradigma

del aprendizaje, no sabe el que sabe sino el que sabe dónde se sabe.

5. **Las respuestas pueden llegar a cualquier lugar.** Este mundo global no tiene limitaciones más allá de las que la gente se autoimponga. La multitud de medios de acceso a la información, la movilidad de dicho acceso y, ante todo, el mayor nivel de homologación del conocimiento considerado como útil por la mayoría de las culturas suponen un mundo ideal para nuestras fantasías laborales. Y como expresaba aquel proverbio chino, *«jamás se desvía uno tan lejos como cuando cree conocer el camino»*.

6. **Se pueden conseguir beneficios siendo honesto.** La relación entre honestidad y saber soñar es preciosa. Nadie puede soñar con medios ilícitos y sentirse profesional. Como decía mi abuelo palentino, *«no hay nadie peor que el agricultor que vende lo que aún no ha cosechado»*, y ante todo, evitar que una fantasía se comporte como una realidad. Necesitamos soñar pero también no vender los sueños como realidades.

7. **Siempre hay más información por descubrir.** Conocer tu playa no supone conocer el océano. Es habitual pensar en términos de dominios personales cuando lo mejor sería pensar en los océanos que desconocemos. Hay tanto tiempo, espacio y temas para crear y soñar que no podemos dibujar futuros desde una visión pequeña de nuestro trabajo actual. Pero sólo se consigue trabajando, pues como contaba el fabulista La Fontaine, *«el trabajo es el único capital no sujeto a quiebras»*. Trabaja sabiendo lo inagotable del universo del saber y pon en solfa una visión enciclopédica de tu profesión, frente a la humildad del que sabe.

8. **La necesidad de información traspasa todas las fronteras.** Como hacía Walter Mitty, no hay limitaciones físicas más potentes que las personales. Centrarte en pensar en tu espacio, en tu tiempo y en un lugar es una visión trasnochada; hoy hay que visualizar el futuro como el campo

de tu fantasía y el mundo como el ámbito de tu trabajo, porque como decía Berenice Abbott, «*ninguna ficción o invención llega a ser tan extraña o fantástica como la vida cotidiana que nos rodea*». No hay que ir porque todo está aquí.

9. **No hay que llevar traje para ser formal.** No se es más productivo porque se trabaje unas horas. Hay que pensar que el saber soñar es la base de tu desarrollo profesional, y por tanto, poner sólo foco en tu laboriosidad súper-empequeñece tu futuro. No se mide el trabajo sólo por el tiempo sino más bien por los resultados independientemente del tiempo que te lleven. Lo formal no es un traje, un horario o unas normas sociales, sino el ser honesto contigo mismo, el respeto a las ideas de los demás y fundamentalmente comunicar aceptando el cambio sin perder la compostura de tu ser.

10. **Ser muy bueno no basta.** Ser bueno no es un estadio, es un proceso. Nadie nunca es suficientemente bueno si no está en el camino de ser mejor cada día. El énfasis está en la mejora continua y no en el calificativo de ser bueno. Ser excelente también puede ser una simple palabra huera si no se habla del camino a la excelencia. Nadie es siempre excelente, y Goethe lo expresaba en una frase: «*No preguntemos si estamos plenamente convencidos sino tan solo si marchamos por el mismo camino*».

En fin, Google ha expresado en una serie de lemas su forma de soñar y, por tanto, ha encaminado su forma de percibir el trabajo. Como Walter Mitty, sin fantasías laborales no merece la pena trabajar. Trabajar supone creer en hacer realidad tus fantasías en el ámbito laboral; ahora bien, sí hay que saber soñar para evitar sufrimiento espurio. Como decía Quevedo, hay que soñar lo justo, el que sueña con grandes resultados puede defraudarse y el que sueña pequeñas cosas solamente deseará su desidia. Saber soñar implica soñar un poco cada día y estar continuamente soñando nuevos retos cuando se consigue mucho. El soñador es un insatisfecho continuo que obtiene su satisfacción en volver a soñar cada día. O como decía Walter Mitty, «*soy aquel que quiero ser*». Te pueden engañar en el sueldo, en el trabajo, en la política, pero seguro que nadie puede engañarte en tu sueño aspiracional. Que ustedes lo sueñen bien, pues un buen sueño es el principio de su valor profesional.

❓ PREGUNTA PODEROSA

¡Porqué es más productivo el trabajador laborioso que aquel que tiene fantasías laborales!

💡 IDEA ÚTIL PARA LA PERSONA

Ser aquel que quiera ser es la mejor ruta para ser un profesional productivo.

💡 IDEA ÚTIL PARA LA EMPRESA

La empresa apoya a los empleados para que puedan soñar en su trabajo tiene mayor futuro.

EL SÍNDROME TRITHEMIUS: EL ARTE DE ACEPTAR A CAMBIAR

EL SÍNDROME TRITHEMIUS SE REFIERE A ESA RESISTENCIA LÓGICA A ACEPTAR EL CAMBIO PARAPETÁNTOTE EN LA RAZÓN CON MULTITUD DE ARGUMENTOS PERFECTOS PARA NO SALIR DE TU ZONA DE CONFORT.

EL TRABAJO YA NO ESTÁ SOLO EN PRODUCIR CONTENIDOS PERSONALES SINO EN CREAR VISIONES COMPARTIDAS DE CONOCIMIENTOS, EN RELATIVIZAR TU SABER SIENDO CONSCIENTE DE LA IMPORTANCIA DE SABER QUIÉN SABE PARA APRENDER DE ÉL.

UNA VISIÓN TEÓRICA DE LA REALIDAD NECESITA DE SESUDOS PORQUÉS PERO, EN CAMBIO, EL ENFOQUE PRAGMÁTICO NECESITA DE EXQUISITOS CÓMOS. ES MUY PROBABLE QUE LA ACEPTACIÓN AL CAMBIO PROVENGA DE LOS PRÁCTICOS QUE VEN LAS POSIBILIDADES DE MEJORA MÁS QUE LAS QUE SE PLANTEA LA DISCUSIÓN TÉCNICA SOBRE LA PROFUNDIDAD DEL CAMBIO.

SABER DIRIGIR EN EL ENTORNO DIGITAL IMPLICA UN LIDERAZGO BASADO EN LA AUTENTICIDAD (EL JEFE NO SABE DE TODO), BASADO EN COMPARTIR (EL JEFE COMPARTE LA INFORMACIÓN) Y BASADO EN LA CONFIANZA (MI JEFE NO SABE LO QUE YO ESTOY HACIENDO).

«*O cambias o te cambian*», e incluso el aserto de que «*siempre habrá una buena razón para no cambiar*» es una expresión que habla del nivel de dificultad para aceptar el cambio. Una gran tragedia humana está, no en la envergadura del cambio, sino en la potenciación de la resistencia al cambio a través del pensamiento racional. El síndrome Trithemius se refiere a esa resistencia lógica a aceptar el cambio parapetántote en la razón con multitud de argumentos perfectos para no salir de tu zona de confort. Johannes Trithemius fue un monje alemán de finales del siglo XV cuyo afán para razonar los males del cambio de la copia escrita a la publicación impresa dio lugar a una multitud de sinrazones. Llegó a afirmar (y me recuerda mucho a los actuales directivos de algunas empresas) que el cambio a la copia impresa hacía peligrar la profundidad de los pensamientos y la ética de los contenidos por su facilidad de reproducción. Actualmente internet y la dimensión social digital son la otrora imprenta y nuestros papeles de gestión son los códices medievales pretéritos.

Las actitudes de aceptación del cambio son un mecanismo darwinista de evolución, nadie niega el valor de lo anterior, pero qué suerte tenemos de tener más formas de expresar y sentir la realidad. Qué buenas son las reuniones informales al albur de un café pero qué suerte tenemos de compartirlo con nuestro LinkedIn para transmitir a mis amigos un pensamiento o con nuestro Twitter para expresar una emoción a mi equipo. La superposición de los medios facilita la comunicación humana siempre y cuando aceptemos dicho cambio y «costumicemos» su utilización. Ya lo decía Leonardo Da Vinci, que prefería ser un polímata (diversidad de intereses y medios) que un vulgar especialista focalizado en una problemática. Actualmente, la disponibilidad del conocimiento a tiro de clic nos posibilita mayor riqueza de saber y capacidad para mezclar saberes y conocimientos, pero esto implica cambiar el concepto de sabiduría.

Estamos pasando de un concepto de sabio acumulador de conocimientos a otro de disfrutador de experiencias diversas. Tendremos que evolucionar hacia un nuevo ecosistema adaptándonos con nuestra acción y acomodándonos con nuestro pensamiento. Este entorno digital preestablece un nuevo concepto del trabajo. El trabajo ya no está solo en producir contenidos personales sino en crear visiones compartidas de conocimientos, en relativizar tu saber siendo consciente de la importancia de saber quién sabe para aprender de él. La red nos posibilita la disponibilidad de un conocimiento más social de la realidad y, por tanto, la destilación de tu saber con el sentir de tu grupo ¿Qué gran oportunidad hubiese tenido la curiosidad de Leonardo Da Vinci con esta nueva imprenta llamada internet?

Para analizar cómo influye este nuevo ecosistema en nuestro mundo del trabajo no vamos a buscar razones sesudas sino simplemente acercamientos pragmáticos a la realidad. Una visión teórica de la realidad necesita de sesudos porqués pero, en cambio, el enfoque pragmático necesita de exquisitos cómos. Es muy probable que la aceptación al cambio provenga de los prácticos que ven las posibilidades de mejora más que las que se plantea la discusión técnica sobre la profundidad del cambio.

Sin caer en visiones maniqueas de lo bueno, de lo actual y de lo malo de lo anterior, debemos acercarnos a lo que nos decía un sabio español, Juan Luis Vives, cuando nos decía: «*tan perjudicial es desdeñar las reglas como ceñirse en exceso a ellas*», y también lo que expresaba de manera más práctica Camilo José Cela: «*Pensar en viejo me abruma y, sin embargo, pensar en joven, en sano y arrogante joven, me parece tan insípido...*». La insipidez de lo nuevo no debe hacernos abandonar la estética de la lógica tradicional. Todos creemos en lo bonito de la lectura de un libro de poesía en tus manos al lado del fuego mientras nieva fuera, pero no debemos negar la utilidad de disponer de información de todos los periódicos a través del iPad. Esta doble actitud de combinar los usos pasados y los ilusos futuros es la clave de la aceptación del cambio.

Este renacimiento digital implica un cambio radical en el concepto de trabajo que nosotros modestamente hemos llamado Empleado 3.0, y que supone los siguientes cambios y también los siguientes peligros:

1. **Cambio en el concepto de espacio de trabajo y el peligro de la soledad del teletrabajador.** Por una parte, la productividad personal al utilizar los medios de Internet bombardea al concepto clásico de despacho. El espacio individual de trabajo y el símbolo de estatus que era el despacho tiende a desaparecer. Los espacios compartidos de *coworking* son una buena forma de trabajo actual porque tu privacidad es tu ordenador, tu iPad y tu smartphone. El concepto de oficina debe cambiar para adaptarse a una realidad más diversa del trabajo. La estancia en un lugar común a través de un horario se transforma en el concepto de reunión cuando es necesario compartir conocimientos. El horario es una antigualla al igual que los despachos, pero debemos evitar el peligro de la soledad del teletrabajador. El teletrabajo es tan insuficiente como el presencialismo: podemos pasar del exceso injustificado de una presencia invocada por la presencia del jefe al otro exceso de la persona aislada en su centro de trabajo doméstico ajeno al olor del equipo que comparte. Una apuesta por un verdadero trabajo flexible (presencia a veces y en otras teletrabajo) es una verdadera superación de lo antiguo y lo nuevo. A más flexibilidad, más espacios comunes para reunirse y más trabajo compartido en casa y en la oficina. Pero no olvidemos lo que decía Víctor Hugo: «*El trabajo endulza siempre la vida, pero los dulces no le gustan a todo el mundo*».

2. **Cambio en el concepto de tiempo de trabajo y el peligro de saber separar el ocio del negocio.** El horario es un acuerdo tácito de trabajo entre los trabajadores y los empresarios. Pero hete aquí que en la mayoría de los trabajos el tiempo no es sinónimo de productividad, que la variable tiempo es básica en trabajos manuales y de servicios que cada vez más son sustituidos por robots o por asistentes virtuales. Además, el horario no asegura que un trabajador del conocimiento que utiliza su saber no

tenga absentismo psíquico. No se es mejor trabajador si la productividad se cifra en dedicación y no en esfuerzos que se transfieren a resultados. La dureza de ser por lo que se ha conseguido debe suavizarse por la dulzura del hacer. Los esfuerzos hacia la productividad no son cuestión de tiempo pero sí de compartir con los jefes y grupos un tiempo para aprender. Es más importante el concepto de «tiempo al unísono compartido» que el de trabajadores zombis supercumplidores de horarios. Ahora bien, ello siempre con perspectiva, como decía el Barón de Coubertin: «*Cada dificultad es una ocasión para realizar nuevos progresos*». Debemos considerar los peligros actuales: la no separación del tiempo de trabajo del tiempo de no trabajo se diluye al romper el molde del horario. En aras a una productividad devoradora de placeres de no trabajo, la no disposición de un horario supone una disciplina de hierro a la hora de administrar los tiempos de dedicación. La tecnología es una cárcel de oro que no impide quitarte tu libertad, de la misma manera en que el martillo sirve para arreglar un aparato o para matar a una persona. No culpemos a la tecnología cuando el problema está en tu madurez como trabajador con *empowerment*.

3. **Cambio en la forma de trabajar y el peligro del exceso de compartir.** Este nuevo ecosistema digital nos facilita el intercambio de opiniones pero, a su vez, nos puede paralizar de tanto compartir. Es una gran revolución el conocimiento síncrono de elaboración de tu trabajo, el enriquecimiento por compartir puntos de vista y, al fin y al cabo, la creación social de un conocimiento más que el despliegue de «yos» en las aportaciones al trabajo. Pero esta posibilidad de formas de trabajar no debe obnubilar la toma de decisiones efectivas. Los modelos de la red tienen sus roles y obligaciones dentro del entorno de trabajo. No vale enmascararme en el lado oscuro del

«todos» para demorar decisiones individuales oportunas. Más allá de formas de trabajar debemos adoptar los roles que deben ponerse en juego para la eficacia. La productividad del equipo no implica el reparto de roles cualificados según cada aportación individual, porque ya lo decía Confucio: «*Una voz fuerte no puede competir con una voz clara*».

4. **Cambio en la forma de dirigir y el peligro del jefe supercoach**. Estamos de acuerdo que con colaboradores en red y con presencia no establecida por un horario es diferente la forma de dirigir. La dirección por productividad no debe olvidarse de la importancia de las reuniones en equipo para resolver y compartir. Compartir necesita de ojos, oídos, olfato e incluso de gusto y tacto común. El jefe necesita tiempo y espacio para crear equipos y redes de internet para crear eficacia en el equipo. Saber dirigir en el entorno digital implica un liderazgo basado en la autenticidad (el jefe no sabe de todo), en compartir (el jefe comparte la información) y en la confianza (mi jefe no sabe lo que yo estoy haciendo). El entorno digital es una gran oportunidad para hacer cambiar la forma de liderar personas de una forma distinta. Más allá de horarios y despachos y nada menos que saber que el directivo es dueño de su tiempo de trabajo pero no del de sus colaboradores. Pero en todo hayamos peligros; el jefe supercoach enfocado a que cada persona haga lo que él pueda hacer y centrado en escuchar, orientar y cambiar al colaborador, puede olvidar que el objetivo de un jefe es dirigir y esto supone decidir, imponer y claramente gobernar. Estamos en la máxima de Sócrates, «*reyes o gobernantes no son los que llevan cetro sino los que saben mandar*». Pero saber mandar siempre supone mandar.

En fin, qué suerte tenemos de vivir este momento de trabajo donde el espacio, el tiempo, las formas de trabajar y de dirigir están cambiando. Los nostálgicos del despacho, del horario, de los papeles y de los jefes como Dios manda deben reflexionar en su cambio. La actitud de aceptar el cambio es el inicio de tu maravilloso cambio personal. Y para que no sean otros los que te cambien, por favor, no justifiques tu confort. Haz cambios para que sea tu forma de trabajar tu propio cambio.

? PREGUNTA PODEROSA
¿Por qué si tienes que cambiar no empiezas por tener una actitud positiva hacia el cambio?

♡ IDEA ÚTIL PARA LA PERSONA
El cambio empieza y acaba en ti mismo, no te encierres en los demás y en el entorno.

♡ IDEA ÚTIL PARA LA EMPRESA
La digitalización de la empresa es un profundo proceso de gestión de cambio. Céntrate en la personas que son las que tienen que cambiar hacia lo digital.

SÍNDROME FRANKENSTEIN: DE ORGANIZACIONES Y EMPLEADOS ZOMBIS A LA REGENERACIÓN

Lo peor que puede tener nuestra época de empleados zombis es que no queramos volver a comprometernos. El compromiso es la base de la sociedad y, por tanto, no podemos establecer el futuro sólo desde la estrechez de las relaciones laborales.

Como Frankenstein hay que renacer de lo inerte pero no podemos ser prisioneros de lo anterior. Me niego a pensar que no somos capaces de cambiar nuestra actitud para conseguir tener una verdadera recuperación.

Pervivir como una empresa Frankenstein que tiene plantillas escasas, resguardadas tras la nómina, aguantando el temporal sin las ganas de ser más, de crecer e incluso de fracasar pero luchando, es lo que necesitamos para la recuperación.

Es conocida la afición de los americanos por las películas de zombis, y yo últimamente veo muchas empresas y profesionales que se han apuntado al casting de una película de miedo de serie B. El síndrome de Frankenstein se refiere al temor de que las mismas fuerzas utilizadas para controlar la naturaleza se vuelvan contra nosotros, en relación a la empresa actual se refiere a que las fuerzas del control, la optimización y la desvinculación de personas se vuelven contra el crecimiento de las empresas. El directivo desconfiado y campeón de la tijera del recorte no puede ser el mismo que ilusione en la recuperación. Como consultor me hacen siempre la siguiente pregunta: ¿Cómo reanimamos a los empleados para que vuelvan a confiar y así apoyar la recuperación? Yo siempre les contesto que se empieza cambiando la actitud. No podemos tener profesionales animados con jefes zombis. La regeneración necesita de un modelo diferente de profesional, hay que pensar en crecer, en generar proyectos comunes de futuro. ¿Hasta cuándo la visión economicista de las personas? Para fructificar una verdadera recuperación necesitamos la ilusión de un nuevo Renacimiento. Del hombre encerrado en los números al hombre que crea mayores números. No hay que pensar en planes sociales sino en retos de aprendizaje. Tenemos que hacer películas de aventuras y olvidarnos de las tétricas muecas de los zombis. ¿Pero cómo remotivamos al personal? Se me ocurren una serie de medidas higiénicas de cambio de actitud y teniendo en cuenta que viene la primavera sería un buen momento para abrir las ventanas y las puertas a la regeneración. ¿Cómo dejar de ser un profesional zombi? Pues ahí van seis consejos de puro sentido común:

1. **Quemar ideas habituales y crear nuevas palabras**. Invitar a una fiesta donde pongamos en papelitos palabras que nos han seguido en nuestra crisis como: ERE, empleabilidad, indemnización, etc. y las quememos como si fuesen las «Fallas». Lo primero que hay que hacer para cambiar un discurso es cambiar las palabras. Debemos festejar la vuelta de palabras como: selección, formación, desarrollo, etc. Y sería bueno crear nuevas palabras para una nueva época: confianza, *engagement*, experiencia empleado, etc.

2. **Regeneración emocional**. No se puede pasar de ser un zombi a un humano sin cambiar las emociones. Lo emocional es el primer eslabón de tu cambio personal. Hay

que llorar por la nueva primavera, hay que flotar por las nuevas oportunidades y, ante todo, hay que saltar por los nuevos proyectos. Hay que ponerse las pilas emocionales en superar los duelos laborales y empresariales anteriores. No hay una cosa mejor del pasado que pasado está. Y qué gran momento histórico vivimos y cuánto futuro tenemos que conquistar.

3. **Confiar como principio.** No podemos seguir desconfiando de todo y de todos. El futuro se basa en la confianza en nuevas personas, nuevos paradigmas e incluso volver a confiar en antiguos negocios y personas. No se puede empezar una nueva era con las cejas hundiéndose por la desconfianza y con la mirada torva que se nos ha quedado después de siete años de crisis. Siete años que hemos vivido peligrosamente y que nos ha posibilitado un gran futuro a confiar.

4. **Volver a comprometerse.** Lo peor que puede tener nuestra época de empleados zombis es que no queramos volver a comprometernos. El compromiso es la base de la sociedad y, por tanto, no podemos establecer el futuro sólo desde la estrechez de las relaciones laborales. Debemos creer de nuevo en la empresa y en la probabilidad de crecer con ellas como profesionales y personas. Hay que airear los falsos compromisos y crear nuevas formas de ser en tu empresa y en tu profesión.

5. **Crear nuevos equipos.** La regeneración necesita de nuevos equipos o, por lo menos, de equipos antiguos que se crean nuevos equipos. No podemos operar con la lógica del recorte y la optimización para crear nuevos equipos. Las empresas necesitan de retos, de espacios de creación y de tiempos de convivencia. No se ahorra generando impresiones cutres para crear equipos. Un fin de semana en común para crear futuro no es una pérdida

de tiempo sino una ganancia de seguridad en nuestro propio equipo. Sin un nuevo equipo con camisetas históricas pero con renovado proyecto no podemos conseguir la microrecuperación, que es la importante.

6. **Una nueva forma de ser líder.** Esta agotadora crisis nos ha impedido ver que está cambiando el concepto de líder. El futuro está configurado por equipos virtuales y diversos, por tanto, necesitamos un líder con mayor poder empático. Tenemos que ser un directivo diferente donde no vendamos lo que no podemos vender, donde la humildad sea una aproximación habitual, que la honestidad se desprenda con el ejemplo y que volvamos a creer que la humanidad es la base de la dirección. El líder 3H (Honesto, Humilde y Humano) surge como el mejor paradigma para crear el nuevo caldo de cultivo de la confianza. No volvamos a caer en esotéricos mensajes sobre el talento, las competencias o el *coach* líder etc., que son superfluos eslóganes para ocultar al verdadero concepto que no es otro que el de las personas. Un líder para el que las personas sean un fin y nunca un medio o un recurso humano.

En fin, a la manera en que se utiliza el fuego en el Mediterráneo, quememos los viejos usos de las empresas y profesionales zombis, y cual inmensa primavera volvamos a eclosionar la confianza y el compromiso en las empresas creando nuevos equipos con un líder emocionalmente más cercano. Como Frankenstein, hay que renacer de lo inerte sin ser prisioneros de lo anterior. Me niego a pensar que no somos capaces de cambiar nuestra actitud para conseguir tener una verdadera recuperación.

Para acabar, con quién mejor que con Leonardo Da Vinci, que tanto nos enseñó sobre el cambio en aquella época mágica que fue el Renacimiento. Hay tres píldoras leonardinas que me gustaría compartir porque nos invitan a pensar en este cambio en tres direcciones:

«Quien de verdad sabe de qué habla no encuentra razones para levantar la voz». No hace falta predicar en la necesidad de cambiar la actitud para recuperarse. La lógica de la razón siempre es una emoción.

«Los que se enamoran de la práctica sin la teoría son como los pilotos sin timón ni brújula, que nunca podremos saber dónde van». Hay que volver a hablar de confianza, de compromiso y de liderazgo auténtico porque no se trata sólo de hacer sino de, tras hacer, saber por qué se hace.

«Así como una jornada bien empleada produce un dulce sueño, así una vida bien usada causa una dulce muerte». El dulce sueño de querer cambiar sólo es reparador si realmente se cambia.

A las empresas o se las mata o se las vivifica pero no se las puede dejar en ser zombis. Pervivir como una empresa Frankenstein que tiene plantillas escasas, resguardadas tras la nómina, aguantando el temporal sin las ganas de ser más, de crecer e incluso de fracasar pero luchando, que es lo que verdaderamente necesitamos para la recuperación. Más allá de criterios estrechos de supervivencia ha llegado el momento de arriesgarse a salir del cascarón, de querer ser más porque ser menos simplemente nos lleva a mantenernos en ser menor.

Así pues, rompamos el síndrome Frankenstein y no esperemos que alguien de fuera nos encuentre nuestra recuperación. El principio de la regeneración está en nuestra actitud hacia el cambio e igual que la primavera renueva la naturaleza, nosotros debemos hacer brotar la ilusión, la confianza y el compromiso en nuestro maravilloso presente. Y como siempre nos quedará el gran gurú del cambio, que no es otro que

Groucho Marx, cuando nos decía: «¿A quién va usted a creer, a mí o a sus propios ojos?». Por favor, dejad de ser zombis y ved con vuestros propios ojos la recuperación y no lo que diga Guindos. Yo, por si acaso, me acabo de cambiar de gafas y... de mirada.

? PREGUNTA PODEROSA
¿Tienes empleados zombis o busca la regeneración del compromiso con la empresa?

♀ IDEA ÚTIL PARA LAS PERSONAS
El mejor nivel de engagement está en cambiar nuestra percepción de la realidad para poder volver a creer en las empresas.

♀ IDEA ÚTIL PARA LAS EMPRESAS
Hay que facilitar a las personas su regeneración con la empresa creando ecosistemas de adaptación sencillos.

EL SÍNDROME DEL CARRIL IZQUIERDO: CARRERAS DIRECTIVAS CON TEMPLANZA

EL BUEN CONDUCTOR ALTERNA LA RAPIDEZ NECESARIA SEGÚN LAS CONDICIONES EMPRESARIALES (TRÁFICO) O LA MESURA PROFESIONAL NECESARIA PARA ADAPTARTE A NUEVOS AVATARES DEL ENTORNO,

¿POR QUÉ HAY QUE DISFRUTAR EN LA CARRETERA O EN LA CARRERA PROFESIONAL? PORQUE LO IMPORTANTE NO ES LLEGAR ANTES AL DESTINO SINO HABER LLEGADO BIEN. Y TODA CARRERA PROFESIONAL NECESITA DE ETAPAS NECESARIAS QUE HAY QUE RECORRER PORQUE SI NO, NO SE LLEGA.

LAS CLAVES DEL ÉXITO SON AQUELLAS QUE SABEN EXPRESAR EL TALENTO SEGÚN SU MOMENTO DE CARRERA PROFESIONAL. Y NO NECESARIAMENTE SIEMPRE HAY QUE CIRCULAR POR EL CARRIL IZQUIERDO DE LA CARRERA PROFESIONAL.

NO NECESARIAMENTE LA EDAD PRESUPONE EL TALENTO SÉNIOR, PORQUE EL TENER EXPERIENCIAS, APRENDER DE ELLAS E INTERIORIZAR ESTE APRENDIZAJE ES DIFERENTE EN CADA PERSONA.

¿Quién no ha circulado inadecuadamente por el carril izquierdo? Aprovechando la publicidad del tráfico es gráfico ver los atascos y accidentes que se originan por empecinarnos en ir todos por el carril izquierdo. Este hecho me lleva a reflexionar sobre la utilización de la rapidez, la ambición, la altivez del carril izquierdo frente a la templanza, moderación y humildad del carril derecho en nuestro trabajo profesional. La lógica de la circulación es alternar ambos carriles, hay momentos para la templanza en las carreras y en el trabajo, y momentos de aceleración profesional. Vivir toda la vida profesional en una continua aceleración, ritmo de trabajo, o pensar en la escalabilidad empresarial significa estar siempre en el carril izquierdo profesional. El buen conductor alterna la rapidez necesaria según las condiciones empresariales (tráfico) o la mesura profesional necesaria para adaptarte a nuevos avatares del entorno. La sabiduría está en la adaptación de la circulación de tu carrera profesional y no estar continuamente «en vilo» por querer ser el «rey del mundo». Debemos abrirnos a valorar nuestros carriles derechos profesionales y evitar caer en la adoración por circular siempre con carreras exitosas, vertiginosas y aceptar la humildad de ir detrás de un camión para apreciar la belleza de un paisaje. La mayoría de las personas no disfrutan de lo que son sino sólo de lo que están haciendo. Acumular cargos, puestos, roles, tarjetas, te hace circular a tu izquierda, en cambio, apilar sabiduría, sentirse bien, vivir el día a día, te genera una visión pausada de tu carrera profesional. Hay que reivindicar el día de la reflexión sobre lo que eres más que acumular méritos y trabajos que solo llenan líneas de currículum. Es la importancia de tus curricula vitales más que tus curricula profesionales. ¿Por qué hay que disfrutar en la carretera o en la carrera profesional? Porque lo importante no es llegar antes al destino sino haber llegado bien. Y toda carrera profesional necesita de etapas necesarias que hay que recorrer porque si no, no se llega. No se puede llegar a Santiago sin haber pasado por Palencia. No hay que quemar etapas sino vivir cada etapa como un camino en sí mismo.

Pero para tener esta visión gozosa de una carrera directiva tenemos que descubrir algunos estereotipos o mitos sobre el desarrollo profesional. Como decía Albert Einstein, «la mente es como un paracaídas, sólo funciona si se abre». Hay cuatro mitos que me gustaría ayudar a derribar porque estoy con G.K.

Chesterton en aquello de «puedo creer lo imposible, pero no lo improbable».

1º **Mito: Una carrera de éxito es si acabas en la cima empresarial.** Los profesionales creen que un directivo que es director general hasta su jubilación es signo de una carrera de éxito. ¿Cuántas veces este directivo ha circulado por el carril izquierdo de su carrera? ¿No es adecuado dejar a otros este carril porque quieren correr y pasar al carril derecho de su vida? Lo lógico de una carrera como la propia vida es que escalemos, disfrutemos de la cima y vayamos apreciando la belleza del paisaje mientras descendemos. ¿Por qué es mejor quedarse en la cima? El talento sénior debe adaptarse a la misión de la empresa en diferentes momentos estelares. Me encanta analizar las diferencias de objetivos entre talento junior (querer hacer ante todo), talento consolidado (querer tener ante todo) y talento sénior (querer ser ante todo). Hacer para tener y tener por ser es un gran camino profesional. Quien no tiene experiencia y momentos donde crecer desde el fracaso no podrá ser sabio y este es el ahínco de un talento junior. Pero quien no aproveche lo que aprenda de la experiencia no va a tener riqueza profesional y este es el afán del talento consolidado. Y por último, quien no sepa que el tener que ha obtenido por su hacer sólo le sirve si le hace mejor persona se olvida de que es simplemente esto, persona, y si este es el objetivo de todo talento sénior. Las claves del éxito son aquellas que saben expresar el talento según su momento de carrera profesional. No necesariamente siempre hay que circular por el carril izquierdo de la carrera profesional.

2º **Mito: En la rapidez de la carrera está el éxito.** Sólo se puede saber que se va más rápido porque hay momentos en los que se ha ido más lento. No sólo debemos elaborar baremos externos comparativos con otros aunque son habituales los «piques» con otros que van más rápido. Las carreras directivas son maratones que se basan más en la resiliencia, perseverancia y demora del estímulo que en carreras de 100 metros lisos, donde la rapidez, la energía y la agilidad son los elementos característicos. Cada profesional tiene diferentes «tempos» profesionales. Yo conozco grandes talentos junior que no han sabido consolidarse y, al revés, he podido observar personas de escaso talento junior pero de gran aportación en su momento sénior. No necesariamente el talento junior presupone el talento sénior, porque el tener experiencias, aprender de ellas e interiorizar este aprendizaje es diferente en cada persona. Vuelvo a Chesterton con una gran divagación que suele utilizar en el asesoramiento en carreras profesionales: «*Como nos hemos metido en un lío, tenemos que meternos en otro aun mayor para adaptarnos; como hemos dado un giro equivocado hace algún tiempo, tenemos que ir hacia adelante y no hacia atrás; como hemos extraviado el camino debemos también extraviar el mapa, y como no hemos realizado nuestro ideal, debemos olvidarnos*». Saber decir no, volver a lo que te hace feliz, tener claro qué quieres ser de mayor y tener siempre un ideal por el que luchar son claves básicas de una buena carrera directiva.

3° Mito: La osadía del converso como prueba de éxito. ¿No os pasa que a veces alguien que empieza a compartir nuevo conocimiento se convierte en evangelizador de la materia? ¿Cuántos ingenieros o economistas, hablando de *coaching*, tienen la osadía del converso? Convencerte de algo con fuerza no te hace tener más razón. Hay gente que se pasa al carril izquierdo en un conocimiento y sólo saben estar en este carril. Como decía mi abuelo palentino, «*toda conciencia necesita de la palabra ciencia*». No se puede pensar que el *coaching*, la inteligencia emocional, el *engagement* o cualquier otra moda intelectual explican la totalidad del mundo. La realidad, por su naturaleza compleja, necesita de discursos sencillos para sentirnos más seguros. Una ideología no es más que una forma simple de explicar una inextricable realidad. Funcionar aceleradamente desde una visión simplista de la realidad te hace ser más rápido pero no más sabio. La duda es un paradigma de nuestro carril derecho de la carrera directiva. El tiempo es una constante que tenemos que estar continuamente variabilizando porque, como decía Jovellanos, *«sólo le falta tiempo al que no sabe aprovecharlo»*.

4º Mito: La felicidad te da el ser importante. La ambición malsana de ser importante por tener una gran carrera directiva no es una gran expresión de la felicidad. La felicidad por tener un puesto, una tarjeta, un coche, etc., como decía un compañero de cañas, «el rol del Rolex», no significa nada más que tener. Y todo lo que se tiene se puede dejar de tener, en cambio, lo que eres te lo llevas toda la vida. Las carreras directivas se basan en saber circular por ambos carriles y ser responsables tanto cuando vas rápido por la izquierda de tu carreta como cuando vas más tranquilo por el lado derecho de tu carrera. Lo básico es saber cambiar de ritmo y no mantener siempre el mismo. Ser «importante» ocupa mucho esfuerzo de tu vida y la importancia, fundamentalmente, se basa en la influencia. Influir por dinero es cuestión de tener pero influir por personalidad es cuestión de ser. Y entre Quevedo, «a las promesas miro como a espías», y Juan de Salisbury, *«somos enanos a hombros de gigantes»*, me da la idea que a las expectativas de carrera hay que medirlas para saber dónde está la felicidad y que tenemos que pensar que lo importante no es ser el enano que llega a ser directivo sino mejor el gigante que llega a ser persona. La felicidad está en ti y no en lo que tienes.

En fin, me ha encantado circular por la izquierda y por la derecha en mi carrera profesional, pero ante todo, lo que más me gusta es la capacidad de cambiar de carril. Ser nosotros los propios dueños de nuestra carrera depende de dónde situemos la importancia de nuestra identidad profesional. Ser un buen profesional no implica ser un alto directivo, y también ser un buen directivo implica trabajar un ecosistema personal.

Y, para concluir con este síndrome del carril izquierdo simplemente recordaré una frase genial del pensador español Juan Luis Vives: «*No esperes que tu amigo venga a descubrirte tu necesidad, ayúdale antes*». Por favor, reflexionad vuestras carreras porque es el primer paso de una buena carrera directiva. Y dejad de tener prisas profesionales porque es bueno para conducir adecuadamente vuestra carrera. Nadie es más o menos profesionalmente que lo que marque su autoestima.

Y os lo juro, yo a partir de ahora voy a ver mejor circular por el carril derecho… pero sin hacer un «aguirre» (dejar el coche en el carril bus para ir al cajero).

? PREGUNTA PODEROSA
¿Qué es mejor las carreras rápidas sin fracasos de los profesionales o las carreras superadas de los fracasos de las personas que han vivido?

♡ IDEA ÚTIL PARA LAS PERSONAS
Edifica tu carrera en tus aprendizajes vitales sabiendo lo que «no quiere ser».

♡ IDEA ÚTIL PARA LA EMPRESA
Desconfía de los profesionales sin fracaso porque poco han aprendido en su vida.

SÍNDROME FOMO: LA TIRANÍA DE ESTAR ENTERADO

ESTA NUEVA COMPETENCIA DE ESTAR EN LOS MEDIOS SIN SER UN MEDIO Y QUERER ESTAR ENTERADO PERO SIN LA ANSIEDAD DE ESTAR CONTINUAMENTE A LA ÚLTIMA, SE NOS ANTOJA FUNDAMENTAL EN ESTA VORÁGINE DE CONTINUO FLASHES INFORMATIVOS.

EN LAS REDES SOCIALES Y LA INSTANTANEIDAD DE LA INFORMACIÓN GENERA UN ECOSISTEMA PROPIO PARA CONTAR TU VIDA A LOS DEMÁS. ESTA FILOSOFÍA DE CONTAR TU VIDA SUPONE LA PRESIÓN POR ESTAR CONECTADO CONTINUAMENTE Y EN FIN, PERDER EL CULO POR ESTAR A LA ÚLTIMA.

LA LIBERTAD DE GESTIONAR TU TIEMPO CON RESPONSABILIDAD Y PRODUCTIVIDAD ESTÁ EN LA BASE DE LA SALUD MENTAL EN UN ENTORNO DIGITAL.

Hay en este momento síndromes emergentes fruto de la dimensión socio-tecnológica de nuestra vida personal y profesional. Uno de ellos es el síndrome FOMO (acrónimo de *fear of missing out*) que consiste en tener ansiedad por perderse algo. En este continuo «saber algo» para estar enterado nos muestra una enorme desazón por no estar en algún sitio y, además, lo peor es saber que sí hay alguien que no se está perdiendo algo. Ni comer ni dejar comer socialmente. Este síndrome genera la continua actualización de tus mails en el Smartphone, estar encadenado al WhatsApp, tener que ser original en el

Twitter del último final de fútbol o estar presente en una discusión baladí en tu grupo de LinkedIn. ¡Uff, qué estrés digital! Todavía me acuerdo cuando en mi pueblo llegaba el periódico del día anterior o las noticias se conocían en el telediario de la 9:00h o que te enterabas de los cotilleos en las fiestas de los amigos. ¿Seguro que hemos ganado? Sin duda, estamos en un mundo mejor y con una mayor instantaneidad informativa pero esto necesita de una actitud mental diferente para tener «templanza digital». Esta nueva competencia de estar en los medios sin ser un medio y querer estar enterado pero sin la ansiedad de estar continuamente a la última se nos antoja fundamental en esta vorágine de continuo flashes informativos. Como decía el mítico entrenador de baloncesto John Wooden: *«Disciplínate a ti mismo y así otros no se verán obligados a hacerlo».* Es decir, practica la disciplina digital para tener templanza. Para incentivar esta templanza digital se me ocurre debatir tres ámbitos: una filosofía de vida, unas habilidades personales y tres competencias «emergentes» fruto de esta mixtura tecnológica que configura la vida actual. Todo ello, sin duda, se complicará con relojes, teléfonos, *google glass* y todos los *gadgets* tecnológicos que se están inventando y, por tanto, debemos incrementar nuestra disciplina digital.

En primer lugar, vamos a hablar de una visión filosófica de la vida. Las redes sociales tecnológicas están para quedarse por su raigambre humana porque se trata de poder contar tu vida a otros. Hay gente que no comprende que vivir sin contarlo no es vivir, como expresa la anécdota del torero Luis Miguel Dominguín después de la primera noche de amor con la actriz Ava Gadner. Luis Miguel se levantó de la cama y se disponía a salir. Ella le pregunta: ¿A dónde vas ahora? Y él contesta rápido: ¿A dónde voy a ir? ¡A contarlo! Contar tus hazañas nimias pero propias es una forma de dar valor a la vida. En las redes sociales la instantaneidad de la información genera un ecosistema propio para contar tu vida a los demás. Esta filosofía de contar tu vida supone la presión por estar conectado continuamente y, en fin, de «perder el culo» por estar a la última. Lo primero que tenemos que hacer para superar este síndrome es relativizar el concepto de vivir para contarl, por otro más sibilino de vivir para vivir (a veces lo cuento o a veces simplemente lo disfruto). Las memeces de decir lo insustancial que haces a otros sólo denota la vacuidad de tu vida. Y el misterio de hacer cosas sin tener que decirlo arropa un perfil más interesante de tu vida.

Vivir para contar sólo es tan ilógico como ese sólo contar sin vivir que a veces me parece que hacen esas personas pegadas al Smartphone que piensan que son importantes por ser los primeros en saber algo que en sí sólo vale por su novedad. El primer paso para tener disciplina que implique templanza digital es contextuar tu vida y lo que cuentas de tu vida en dos esferas interrelacionales pero independientes. Sin Twitter Leonardo Da Vinci podría haber puesto estos 140 caracteres: «*Quien de verdad sabe de qué habla no encuentra razones para levantar la voz*».

En segundo lugar, hay que desarrollar una serie de habilidades personales que se desarrollan desde nuestra más tierna infancia. Nuestra historia de aprendizaje nos condiciona nuestra forma de vivir en sociedad, de conseguir refuerzos y de vivir nuestro ocio. En este apartado hay tres habilidades personales que debemos incentivar para conseguir templanza digital:

1. **El valor de la comparación social.** En nuestro aprendizaje competitivo imbuido desde nuestra Educación Primaria es fundamental compararse con los otros. Si fulanito hace A o menganito está en X son conversaciones habituales en los entornos familiares y educativos que condicionan nuestra ansiedad a la comparación social. Compararse no es bueno ni malo según qué sentimientos tenemos al compararnos. La ansiedad de la pérdida en la comparación o la falsa ilusión en la ganancia son efectos muy relativos. El tiempo vital y la madurez personal nos deben enseñar que comparar cosas diferentes sólo determina engañarnos con datos. Cada persona es un mundo y en sus circunstancias orteguianas puede

compararse para saber cómo está, pero no debe obsesionarse con los resultados. El tiempo y la edad deben servir para decir lo que expresaba el poeta mexicano José Emilio Pacheco: «*Ya somos todo aquello contra lo que luchamos a los veinte años*». Y en la comparación social lo interesante es meter un criterio de claridad, nada es más iluso que forzar la realidad para tener una buena comparación. Stendhal lo indicó cuando dijo: «*El hombre poco claro no puede hacerse ilusiones, o se engaña a sí mismo o trata de engañar a otros*». Compararse externamente sin relativizarlo sólo nos distorsiona nuestra percepción y nos crea emociones espúreas.

2. **La demora de los refuerzos.** Siempre recordaré aquellas investigaciones de psicología social con niños que ganaban más caramelos si en vez de comerlos esperaban, es decir, sabían demorar los refuerzos. Estas investigaciones clarificaron que los niños que más demoraban comerse los caramelos conseguían luego, según un estudio longitudinal de veinte años, mayores logros académicos y posiciones profesionales. Lo malo de la inmediatez de la información es querer obtener el refuerzo (caramelo) muy rápidamente. Querer ser *trending topic*, el mejor y el más original en dar una respuesta y, ante todo, obtener el aplauso digital de tus seguidores es una ilusión yoica. Aquellas personas que tuvieron refuerzos inmediatos en su historia de aprendizaje están más predispuestas a este síndrome.

3. **Vivir tu ocio.** Hay gente que no se ha enterado que negocio es el no ocio y que el ocio es el fluir vital. Organizar y ponerse objetivos en el ocio conlleva a gestionar con una lógica productiva un tiempo improductivo. Hay que estructurar el ocio con tiempo para no hacer nada, para deambular por tu vida con tu familia, tu «mismidad» y, ante todo, evitar asaltos continuos de tu red social. El

ocio bien empleado es el que descansa físicamente y psíquicamente. Vivir el ocio consiste en establecer espacios para fluir, tener la disciplina para tener tiempos sin disciplinas, generar espacios para olvidar las preocupaciones del negocio. En fin, ser disciplinado en tu ocio sin negocio.

Y en tercer lugar vamos a hablar de tres competencias «emergentes» que surgen en este momento de vértigo digital. Estas competencias son parte de la templanza digital que hemos hablado y son virtudes a cultivar:

1. **Desconexión virtual.** Saber tomarse tiempo sin estar conectado. No saber que está pasando puede ser un buen misterio vital. Tener momentos perdidos de tu vida profesional seguro que enriquece tu vida personal. Desvariar en tu ocio es el principio de compensación psicológica al agobio de tus urgencias profesionales. Parafraseando a Santiago Ramón y Cajal cuando le dijeron que le habían dado el Premio Nobel por casualidad: *«Sí, es cierto, pero la suerte me sorprendió estando en mi ocio».* Hay que estar desconectado para optimizar tu esfuerzo cuando estas conectado.

2. **Fomento de las conversaciones.** Hay que utilizar más el lenguaje verbal y conversar (en persona o telefónicamente) con nuestros congéneres. La abusiva expresividad escrita está quitando el valor del lenguaje no verbal. En un proceso de consultoría en una empresa llena de futbolines y redes sociales tuve la experiencia de la incapacidad de reforzar con la mirada de un directivo. Daba *feedback* a sus colaboradores, miraba el ordenador e iba resumiendo en mensajes escritos lo que estaba hablando, ¡sin mirar! Hay que hablar más, interactuar con personas con emociones en su rostro y gestionar los gestos de su interlocutor. Hablar, mirar, observar y volver

a mirar y hablar. Este círculo de conversación es básico en un mundo encerrado en Twitter, whastapps, sms, etc.

3. **Gestión del tiempo ajeno digital.** Tú eres el dueño de tu tiempo pero no del de tus colaboradores y/o de tus amigos. Gestionar el tiempo digital supone informar sin querer respuesta, gestionar tu tiempo para que no te lo gestionen otros. Voltaire, aunque no tenía Twitter, ya lo dijo con su sentencia: «*El tiempo es justiciero y pone cada cosa en su lugar*». Tú puedes gestionar la emisión de tu información pero no exigir el tiempo de respuesta. La cortesía digital es una competencia de enorme valor para impedir el síndrome FOMO o riesgos psicosociales virtuales.

En fin, con una filosofía de vivir para vivir y no para contarlo, más habilidades personales que nos permitan relativizar la comparación social, retardar los refuerzos positivos y gestionar el ocio desde la libertad personal, tendremos una forma diferente de vivir la ansiedad de saber para no perderse nada. Y, además, favoreciendo unas nuevas competencias de saber desconectarse de lo virtual, fomentar las relaciones personales con lenguaje oral y saber gestionar el tiempo ajeno digital obtendremos la tan buscada templanza digital.

Para terminar, nada más y nada menos que estudiar el lema de la Universidad Complutense: *Libertas Perfundet Omnia Luce* (la libertad ilumina todas la cosas), para comprender que la libertad de gestionar tu tiempo con responsabilidad y productividad está en la base de la salud mental en un entorno digital. Sin disciplina no tenemos templanza y sin templanza somos un «yoyo» en continuo movimiento por los mensajes de tu red. Os lo juro, yo no quiero ser esclavo de mi necesidad de compartir lo que pienso. Pues antes de tener tanto Smartphone yo digo lo que decía mi gurú Groucho Marx: «*Yo lo conocí antes de que fuese virgen*».

? PREGUNTA PODEROSA

¿Es más productiva la conexión perpetua a la empresa o las desconexiones programadas de ocio?

♀ IDEA ÚTIL PARA LA PERSONA

Desconéctate para ser más productivo cuando vuelvas a conectarte.

♀ IDEA ÚTIL PARA LA EMPRESA

Crea un entorno donde se respeten los tiempos perdidos por las personas. Tu productividad te lo agradecerá.

SÍNDROME MAFALDA: ¿POR QUÉ CUESTA TANTO QUE LOS DIRECTIV@S SUEÑEN?

HARTO DE DIRECTIVOS PERFECTAMENTE PREDECIBLES, ACOMODATICIOS AL STATUS QUO Y REACTIVOS AL ENTORNO CON SUS TIJERAS DE RECORTES, DEBEMOS IMPULSAR A LOS DIRECTIVOS QUE SUEÑEN. DIRECTIVOS QUE SE PLANTEEN LO UTÓPICO PARA HACER MÁS EFICAZ LO PRAGMÁTICO, PUES LA EFICACIA EN UN MUNDO TAN ATRAVESADO POR EL CAMBIO NO SIEMPRE COINCIDE CON LA EFICIENCIA.

PENSAR CON INDEPENDENCIA IMPLICA EVITAR ESQUEMAS PREESTABLECIDOS Y ORGULLOS DE AUTOR. NO HAY IDEAS BUENAS O MALAS SINO IDEAS QUE FUNCIONAN Y OTRAS QUE, ACTUALMENTE, NO FUNCIONAN.

De mi tierna juventud siempre recordaré aquellos comics apaisados de Mafalda que tanto frescor intelectual nos aportaban al principio de los 80. De ahí que denominemos como síndrome Mafalda al que tienen aquellas personas que son independientes, «libre pensadoras» y que ante todo sueñan con un mundo mejor. Pero Mafalda no es una pensadora utópica sino una luchadora que lleva a la realidad sus cambios, sobre todo es una pragmática porque quiere que sus ideas se traduzcan en conductas diarias. Más allá de la reivindicación de género que también expresa, con este síndrome quiero referirme a todas las (l@s) directivas (directiv@s) que quieren cambiar sus sueños en realidades en los comités de dirección. Harto de directivos perfectamente predecibles, acomodaticios al status quo y reactivos al entorno con sus tijeras de recortes, debemos impulsar a los directivos que sueñen. Directivos que se planteen lo utópico para hacer más eficaz lo pragmático, pues la eficacia en un mundo tan atravesado por el cambio no siempre coincide con la eficiencia. La imparable economía colaborativa que nos introduce la dimensión social (por redes sociales) de la realidad virtual exige directivos que sueñen. Ya lo decía Mafalda: «*¿Por qué será que en este mundo hay cada vez más gente y menos personas?*». Tenemos que tener personas que pongan a la empresa a pensar en nuevas ideas y contextos, personas que se cuestionen lo establecido, que piensen en grande y que actúen en la realidad, que elaboren teorías y nuevas ideas pero que luchen por realizarlas en su día a día. Personas imperfectas pero grandiosas por su querer hacer y por su psicología del intento continuo por mejorar la realidad. Las empresas necesitan de un cambio de perfil del directivo actual; según el mundo de Quino, más Mafalda y menos Susanita.

Últimamente, para deslegitimar una opción (podemos) sirve con llamarla utópica: Steve Jobs, la creación de LinkedIn, el posicionamiento de Google o el tener un dominio a través de las fotografías de Instagram seguro que fue utópico hace años. Sin soñar en el futuro no podemos tener directivos que sólo piensan en el valor inmediato en la Bolsa, igual que un político preocupado por las elecciones, igual que un artista que esté preocupado por el valor económico de su obra, todos son ejemplos de ilusiones perdidas en una carrera. Hay que crear valor a través de los sueños. Sueños que deben traducirse en acciones concretas de cambio y que nos lleven a hacer cosas diferentes en el mercado. Aunque Mafalda decía «*nunca falta alguien que sobra*», yo creo que nos sobra control, preocupación a corto plazo y sobre todo, exprimir las últimas gotas de los zumos de negocios de la Edad Media. El Renacimiento que ha supuesto la dimensión social del mercado no es el fin de la Edad Media sino el comienzo de una nueva Edad Moderna.

El poder de la experiencia del consumidor y/o empleado configura una nueva forma de soñar las empresas y es aquí donde necesitamos una actividad como la de Mafalda, tan positiva pero tan combativa: «*La vida es linda, lo malo es que muchos confunden lindo con fácil*». La dificultad actual es que hay que crear una nueva era de negocios basados en diferentes paradigmas y distintas reglas de juego.

Me encanta caracterizar otras nuevas formas de ser directiv@s con algunas nuevas estructuras mentales que se puedan definir como un perfil Mafalda:

1. **Directiv@s éticas en sus acciones.** Como dice Fernando Savater en su libro *Ética para la Empresa*, «*¿hasta qué punto las buenas ideas y las buenas intenciones pueden tener buenas consecuencias?*». Esta doctrina de reflexión moral llamada consecuencialismo Mafalda la expresa muy bien: las buenas ideas o intenciones deben ser contrastadas con las acciones que generan por corregirse o complementarse «*de tal manera* —siguiendo con Savater— *que lo que había empezado con buena intención no se convierte en un problema más grande del que se quiere resolver*». Hay que dejar de pregonar valores éticos como principios de indudable valor comunicativo y pasar a hacer acciones más éticas. Se trata de la ética empresarial contada a través de conductas éticas realizadas por los directivos en su gestión diaria, pues la realidad actual está en continuo cambio generando nuevos dilemas éticos que se deben abordar desde la humildad del aprendiz, la honestidad del artesano y, sobre todo, desde la humanidad de ser personas antes que directiv@s. La ética necesita de pocos códigos y más «*storytelling*» de conductas éticas hechas en la empresa, pues si Mafalda nos decía «*las situaciones embarazosas, ¿las trae la cigüeña?*», yo diría que las decisiones éticas nos las trae el negocio y están en la base de nuestro sueño empresarial. Con Mafalda denunciando la oscura realidad de la corrupción y luchando con la

picaresca del Manolito de turno, estoy seguro que haremos una empresa mejor, y no sé si es casualidad pero también es argentino otro personaje vestido de blanco que anda soñando conductas éticas en la organización más veterana del mundo.

2. **Directiv@s que piensan con independencia.** En esta reinvención de los negocios no basta con adoptar una pose de innovador y un disfraz de emprendedor. Lo importante es pensar independientemente, rehusar esquemas comunes y plantear ideas originales que la realidad no las apruebe. No hay que innovar con modelos clásicos de empresa sino crear nuevos modelos de empresa. Las empresas del mañana se están pensando en el día de hoy. No se puede sólo hacer sin reflexionar lo que has conseguido con tu propio hacer. En el método clásico de entrenamiento (tan utilizado en *coaching* o mentoring) Acción-Observación-Diálogo y vuelta a la Acción (Método AODA) es fundamental que los pensamientos se encarnen en realidad y que la realidad crezca a través de la reflexión. Pensar con independencia implica evitar esquemas preestablecidos y orgullos de autor. No hay ideas buenas o malas sino ideas que funcionan y otras que, actualmente, no funcionan. El relativismo de la realidad como verdadera prueba de la validez del pensamiento es propio de Mafalda. A mi hija mayor siempre la hemos llamado Mafalda porque frente a la realidad siempre postula un «*¿por qué no?*», y a veces, este por qué nos hace ver el entorno de otra forma. No tenía experiencia, pensaba de forma independientemente al *establishment* de las normas y usos. Como decía Eric Hoffer, *«normalmente sólo vemos lo que queremos ver, tanto es así, que a veces lo vemos donde no está».* Piensa libremente, porque la realidad sí que es libre.

3. **Directiv@s con audacia prudente.** ¿Se puede ser prudente y audaz a la vez? Mafalda era audaz en sus ideas y prudente en su aplicación. Las grandes ideas necesitan implantarse con prudencia. La convicción de nuestras razones debe contrastarse con la tozuda realidad. Siempre recordaré aquel dicho ruso que Dostoieski nos decía: «*Si parece un caballo y camina como un caballo, es un caballo*». Las grandes ideas deben ser audaces y hay que intentar ponerlas en marcha, pero también hemos de ser enormemente prudentes para cambiar de opinión según la realidad. No hay que cambiar los términos, ser prudente en pensar (sólo pienso en lo que habitualmente piense un directivo) y audaz en su implantación y, por tanto, no tener en cuenta las consecuencias de tus ideas. La prudencia es una habilidad que necesita de la audacia inicial en el pensamiento. Los cambios se hacen con prudencia en los «cómos» y con afán revolucionario en los «qués». Mafalda representa la audacia que necesita de la ironía y del saber hacer para implantar sus ideas. Como aquella frase de Mafalda, muestra de su ironía, que dice: «*No es que no haya bondad, lo que pasa es que está de incógnito*».

4. **Directiv@s con confianza sabia positiva.** La bonhomía de Mafalda es una clara expresión del positivismo posibilista. Hay que tener confianza en cambiar el mundo pero con el pragmatismo de ver lo que se puede hacer. Confiar en ti mismo es el inicio para generar confianza en los demás; por tanto, esta es la base de la gestión de la confianza en las empresas. ¿Por qué los demás confían en ti? ¿Por qué has empezado tú confiando en los demás? Pero la confianza no es ciega, siempre tiene la espada de Damocles de lo real que lo hace ser más sabia. La confianza sabia se basa en tu experiencia de tu autoeficacia histórica y hace que tu realismo te impida actuar por estereotipos o juicios prematuros. Pero confiar y analizar

sus consecuencias nos debe llevar siempre a un estado positivo independientemente de la negatividad de nuestro entorno. Sólo un acercamiento positivo a la realidad nos lleva a generar nueva energía confiada. La sabiduría de la experiencia y la proactividad de la positiva hacen muy eficaz a la confianza como herramienta directiva.

En fin que, ojalá, tengamos muchas directiv@s con síndrome Mafalda que hagan conductas éticas, que piensen con independencia, con audacia y prudencia en su hacer y que tengan una confianza basada en la sabiduría que da la experiencia, y por último, que cuenten con la ilusión positiva de querer vivir. Como dice Quino en otro libro llamado «¿Quién anda ahí?», cuando un directivo mira el reloj de pulsera tras una jornada de trabajo y nos dice: «¿Cómo debes hacer para salirse siempre con la suya sin hacer absolutamente nada?». El no hacer, el hacer lo que tenemos que hacer simplemente implica que las empresas cada día hacen menos. Por favor, más directiv@s que sueñen aunque sean utopías y no nos encerremos a jugar con el único juguete de la cuenta de resultados. Como atronó aquel 28 de agosto de 1963 nuestro soñador Martin Luther King, «... *que a pesar de las dificultades yo aún tengo un sueño...*». Sin su sueño en el 2014 no hubiera llegado un Presidente de EE.UU. como Obama. Y también como diría el propio Martin Luther King, «*todo lo que vemos ahora es una sombra de todo lo que veremos*» (discursos sobre la medida de un hombre de 1958). ¡Y cuanto vale un sueño de un directiv@ con sabiduría, independencia, audacia y prudencia! Pues simplemente un (ovo). ¿Cuál es tu próximo sueño empresarial?

PREGUNTA PODEROSA
¿Se puede ser líder sin tener un sueño empresarial que inspire y evoque a la empresa?

IDEA ÚTIL PARA LA PERSONA
Soñar con los pies en la tierra significa que desde el realismo podrás conseguir nuestros sueños.

IDEA ÚTIL PARA LA EMPRESA
Para invertir en futuro apuesta por empleados que sueñan en un futuro diferente al actual.

SÍNDROME PRÍNCIPE CARLOS: LOS ETERNOS CANDIDATOS

Un fracaso a tiempo es el principio de un profundo aprendizaje que sirve para un futuro. En cambio un éxito tras multitud de años de potencial puede ser solamente la evidencia del fracaso por su retraso.

Apostemos por modelos más dinámicos donde la meritocracia sirva para afrontar diferentes retos, donde la especialización solo se valore en puestos técnicos, donde la polivalencia refleje la flexibilidad mental de los profesionales.

Por estar en una versión de la vida 5.0, ¿no se puede ser candidato de algo? Yo creo que el problema no es la edad sino el tiempo que llevas siendo un potencial. El problema del Príncipe Carlos no es sólo la edad sino que nunca ha tenido la ocasión de demostrar su valía. El síndrome del Príncipe Carlos se refiere a estos eternos candidatos fruto de una organización que ata el talento por su rendimiento y crea personas con obsolescencia competencial programada. El potencial se desarrolla en el hacer, en el fracaso, en el error y, sobre todo, en las vivencias de las decisiones directivas. No hay una mayor pérdida de tiempo y dinero que los potenciales que acumulan cursos de dirección de equipos sin tener un equipo a quien mandar; aquellos que acumulan masters y que sólo quieren estrategia sin mancharse con el barro de los objetivos por resultados.

Hay que tener un concepto operativo del potencial humano. Identificar talento necesita de experiencias previas para predecir su rendimiento en otros contextos y en otras situaciones. ¿Por qué el Príncipe Carlos no ha tenido una experiencia real? ¿Para probarle y probarse? El rendimiento es la clave del potencial y no al revés. Podemos tener grandes rendimientos actuales con escaso potencial futuro pero no podemos decir que tenemos un verdadero potencial si no hemos verificado su rendimiento. La realidad es global, no hay saber sin hacer y no hay potencial sin rendimiento. De ahí la importancia de establecer un programa de identificación de talentos poniendo énfasis en los resultados, la movilidad y los retos, y en las oportunidades más que en la precisión del diagnóstico de su potencial. Describir un estado de potencial sólo tiene interés si rápidamente lo operativizamos haciéndole ejercer una responsabilidad.

El tiempo es la variable fundamental para dejar de ser potencial y pasar a ser una realidad. Ya lo decía un antiguo profesor que tuve en la facultad: «*Deja pronto de ser promesa y tardar mucho tiempo en jubilarte*». Y como decía Benjamín Franklin: «¿Amas la vida? Pues si amas la vida no malgastes el tiempo, porque el tiempo es el bien del que está hecho la vida». Por esta razón, os planteo seis consejos para dejar de tener eternos potenciales en tu empresa y además conseguir mayor nivel de *engagement*:

1. **No establezcas carreras únicas.** ¿Si no eres directivo no eres nada? Las empresas que apuestan sólo por la escalabilidad del rol, donde todos quieren ser directivos, generan frustración. Hay otros tipos de carreras de expertos, de proyectos, de internacionalización, de multifuncionalidad, de polivalencia, etc. Hace poco establecimos en una empresa diez tipos diferentes de carreras con el objetivo de generar diferentes retos de desarrollo.

2. **Evitar diagramas de carreras siempre crecientes.** ¿Por qué una persona debe tener siempre el puesto más alto al final de su carrera? ¿No es más lógico que lo tenga en una edad intermedia consolidada? ¿Y que a partir de tener una versión 5.0 puede ser un candidato a una segunda o tercera carrera empresarial? Las eternas carreras crecientes son fruto de una visión anticuada del valor aportado por un profesional. Desde la fuerza de profesional joven, la reflexión del talento consolidado y a la sabiduría del talento sénior, las carreras tienen metas diferentes, trayectos distintos e incluso ritmos diversos.

3. **Valorar la movilidad más que la formación.** La formación es una parte necesaria pero no suficiente para hacerse un buen profesional. La autoformación fruto de la experiencia en el puesto de trabajo es el mejor entrenamiento vital. Saber interpretar y gestionar la realidad tras haberla conocido es un factor diferencial en un profesional. Moverse para desarrollarse implica incrementar tu variedad competencial, tu riqueza experiencial y, sobre todo, el continuo volver a empezar. Tener un modelo de movilidad óptimo conlleva a tener menos eternos candidatos para un puesto que nunca se queda vacío. Príncipes Carlos en busca de una sucesión de su madre octogenaria. No olvidéis lo que nos dijo Ernesto Sabato: «*La vida es tan corta y el oficio de vivir tan difícil, que cuando uno empieza a aprenderlo ya hay que morirse*».

4. **Más vale un fracaso a tiempo que un éxito a destiempo.** Gestionar tu currículum de fracasos es una gran fuente de aprendizaje. Aprender necesita de la superación frente a la adversidad, pues sin fracasos sólo tenemos la insulsez del éxito continuo que simplemente es una falacia de profesional iluso. Por tanto, un fracaso a tiempo es el principio de un profundo aprendizaje que sirve para un futuro. En cambio, un éxito tras multitud de años de potencial puede ser solamente la evidencia del fracaso

por su retraso. Decía un proverbio beduino: «*Ten cuidado con lo que deseas porque tu sueño puede hacerse realidad*». Yo he vivido el pánico del eterno potencial, que al fin da una oportunidad y no sabe cómo aprovecharla.

5. **Identifica tus contraejemplos de carrera.** Habitualmente solemos fijarnos en aquellas personas que, según nuestro criterio, triunfan en su carrera directiva. Estos maravillosos ejemplos nos producen una reacción imitativa y, como siempre, con una enorme frustración agregada por la imposibilidad de llegar a ser igual. Es mejor, como decía Da Vinci, fijarse en los contraejemplos, en aquellas personas que tú no quieres ser y, por tanto, tienen más posibilidades de ser algo porque disponen de más opciones de realización profesional que una exclusiva carrera ejemplar. Ser alguien dentro de tu diversidad profesional y no siempre el magnífico ejemplo pletórico. Pues ya lo expresaba Sócrates: «*La ciencia humana consiste más en destruir errores que en descubrir verdades*». Si buscas una verdad única te limitas más que si evitas los errores posibles.

6. **Diseñar carreras con ventanas y etapas.** Habitualmente diseñamos carreras unidimensionales y de recorrido prefijado. Hay que pensar en relativizar la entrada a ella ya que eso posibilita la diversidad de intercambios con otras carreras y el establecimiento de modelos graduales con intensidades distintas. El modelo de carrera única y predeterminada en etapas, y que todo el mundo pase por todas las partes, es una visión simplificadora. En la carrera profesional hay equifinalidad, se puede llegar desde multitud de sitios, en variedad de funciones y, sobre todo, personalizando al máximo tu propia carrera. Por ejemplo, me encanta trabajar en recursos humanos con gente de línea que aporta su visión y gestiona su desconocimiento con la valentía de su saber cultural sobre la empresa.

En fin, el diseño de carreras en el entorno 3.0 debe aprender de las últimas experiencias y apostar por:

— Multiplicidad de carreras profesionales.
— De carreras profesionales con subidas de posición y bajadas de posición organizativa.
— De carreras experienciales con escasa formación.
— De superación frente a los fracasos.
— De aprender de lo que no queremos ser.
— De carreras no lineales, con entradas y salidas diversas.

Este modelo múltiple de desarrollo de personas da riqueza organizativa y supone una oportunidad para impedir que existan personas «de toda la vida» en un puesto. Pues como decía la ley del liderazgo de Maxwell, «*los verdaderos líderes nos sólo deben saber qué hacer, sino cuándo hacerlo*». Por favor, apostemos por modelos más dinámicos donde la meritocracia sirva para afrontar diferentes retos, donde la especialización sólo se valore en puestos técnicos, donde la polivalencia refleje la flexibilidad mental de los profesionales. En fin, diversidad de carreras para generar más reyes de su casa que príncipes del reino. Hacer es el primer paso para saber igualmente que la experiencia es la sal del potencial.

Para acabar, sólo contar una anécdota de mi querida Palencia. Había en un pueblo un joven cura que siempre era considerado como el perfecto futuro pero que nunca tomaba ningún riesgo. Era el perfecto cura que todos adoraban, pero cuando se hizo cargo de la parroquia se descubrió que sólo sabía mover la boca pero no sabía la misa. Eso sí, qué bien movía la boca. Era el eterno candidato que nunca había tomado ningún riesgo profesional. Ya lo decía Molière: «*Somos responsables no sólo de lo que hacemos, sino también de lo que dejamos de hacer*». Yo os lo juro, no quiero tener una carrera que sólo haga lo de siempre sino que intentaré ser alguien distinto cuando tenga menos cosas hacer menos cosas. ¿Cuántas cosas habéis dejado de hacer? Arriésgate y vuelve a cambiar.

PREGUNTA PODEROSA

¿Por qué tenemos que diseñar carreras profesionales predeterminadas y no tener alternativas continuas a las carreras?

IDEA ÚTIL PARA LA PERSONA

Se puede ser feliz con nuestros roles profesionales. ¿Cuál es tu rol de futuro feliz?

IDEA ÚTIL PARA LA EMPRESA

Dar opciones de carrera es inocular la vacuna del éxito diverso de los empleados.

SÍNDROME OBÉLIX: DE *FEEDBACK* NEGATIVO Y SELFIS

SIN CRÍTICAS CONSTRUCTIVISTAS NO PODEMOS AVANZAR EN TENER RETOS DE APRENDIZAJE PUESTO QUE EL ESLABÓN DESENCADENANTE DEL DESARROLLO ORGANIZACIONAL SON LOS PEQUEÑOS RETOS INDIVIDUALES DE PERFECCIONAMIENTO.

UN BUEN FEEDBACK NEGATIVO SE BASA EN CONDUCTAS CONCRETAS CATALOGADAS COMO MALAS EN UN CONTEXTO Y NO EN UN RASGO DE PERSONALIDAD QUE ARRASTRA DURANTE TODA SU VIDA.

PONER FOCO EN LO QUE SE DEBE MEJORAR PERO DESDE LAS DESTREZAS QUE YA TENEMOS ES LO QUE CONVIERTE AL FEEDBACK EN UNA MÁGICA HERRAMIENTA, PERO QUE DEBE SABERSE USAR.

No me negaréis que este ha sido el verano de los selfis, todo el mundo se ha hecho selfis en la playa, en el fútbol, en la montaña, en fin, más que apreciar un paisaje vemos una cara antes del paisaje, incluso cuando se intenta sacar una foto a un famoso aparece el careto del susodicho. El selfi es reivindicar un aquí estoy sin caer en la importancia de ser más que estar en un sitio. La proliferación de los selfis me recuerda al Síndrome de Obélix, aquellas personas que se niegan a aceptar su autoconcepto de la misma manea que Obélix no acepta que está gordo, simplemente que es bajo de tórax. Esta incapacidad para ver aspectos negativos de uno parece un selfi. Lo importante es estar en el paisaje más que apreciar el paisaje. Paradójicamente, el autorretrato continuo denota más inseguridad que egoísmo. Creo que estamos en un momento social de necesidad de aparecer, de hacerse notar, de ser original y ser el primero en ver y estar en un acontecimiento. Observando la multitud de selfis que hemos podido apreciar este verano siempre me he fijado en las caras del autorretratado más que en el objeto de la fotografía, y siempre ves la sonrisa y los gestos de falsa sonrisa que dice fíjate en mí y no en lo que trato de destacar. Cómo vamos a tener la autoconfianza si necesitamos de autorretratos continuos para asentarnos en nuestro autoconcepto. En el mundo empresarial encuentro muchos Obélix que no aceptan lo negativo de su autorretrato y se autoengañan. El *feedback* negativo necesita de directivos que sepan darlos, situaciones que se den adecuadamente y de personas que sean capaces de aceptarlos. La aceptación de un *feedback* negativo es la base de un buen proceso de desarrollo. Sin críticas constructivas no podemos avanzar en tener retos de aprendizaje puesto que el eslabón desencadenante del desarrollo organizacional son los pequeños retos individuales de perfeccionamiento.

El desarrollo del *feedback* negativo para tener un mejor autoconcepto necesitamos, en primer lugar, de directivos que sepan darlo. Me encuentro con cantidad de directivos que no quieren dar *feedback* negativo y delegan proactivamente en Recursos Humanos o en el oscuro mundo de la ambigüedad. Pero también me encuentro con directivos que no saben dar *feedback* negativo y si lo aprenden no lo valoran, como diría Séneca: «*Jamás se descubrirá nada si no nos consideramos satisfechos con las cosas descubiertas*». Los cuatro consejos básicos para dar *feedback* negativo son:

1. **No hacer juicios sobre personalidad sino sobre conductas.** Nadie es malo o bueno, sólo ha hecho conductas inadecuadas y adecuadas. Las personas no son si no hacen cosas idóneas o no las hacen. El relativismo conductual es la primera regla para cambiar la conducta

inadecuada. Un buen *feedback* negativo se basa en conductas concretas catalogadas como malas en un contexto
y no en un rasgo de personalidad que arrastra durante
toda su vida.

2. **Basarse en hechos observables y demostrables**. Nunca
en impresiones, conversaciones, referencias y prejuicios
de las personas. Cuando alguien da un *feedback* negativo
debe basarse en la objetividad ya que desde la realidad
es más fácil poder cambiar que basarse en suposiciones
y estereotipos. Hechos son razones y no buenas intenciones. El *feedback* debe tener contraste de realidad para que
tenga validez de aplicación.

3. **Mantener una «liturgia» del proceso de *feedback***. El *feedback* negativo necesita de un ecosistema que de validez
ecológica. No sólo en elementos de comportamientos no
verbales sino también en dar rigor y seriedad al proceso
de *feedback*. La informalidad en vez de suavizar el *feedback*
negativo se convierte en aliado de su credibilidad. La
seriedad y la profesionalidad, así como la reflexión previa, ayuda a dar verosimilitud al diagnóstico conseguido.

4. **Evitar abordajes sincericidas**. El *feedback* negativo se
hace para que sirva al sujeto para que cambie y no como
un arma arrojadiza contra el sujeto. Por esta razón debemos saber tener la mente abierta del sujeto al que estamos dando *feedback*. De ahí la importancia de intercalar
estímulos positivos con negativos, teniendo en cuenta el
efecto primacía y recencia de una noticia. Por tanto, al
principio siempre positivo, en el medio lo negativo y para
acabar con el efecto recencia debemos tener una grata
noticia.

Dar *feedback* negativo necesita de aprendizaje, como aquellas expresiones requetesabidas de los profesionales del duelo

en los entierros o en un funeral. No siempre hay que pensar en suavizar o en herir, sino en la grata sensación de decir las cosas para que sirvan. La autoeficacia del *feedback* negativo está en el cambio posterior y no en la bondad y profundidad de su aserto. Si hablamos de hechos observables, sobre conductas concretas y procedemos con rigor y sinceridad contextualizada, estoy seguro que mejoramos en el proceso de *feedback*. Pues como dice Peter Drucker, «*gestión es hacer las cosas bien. Liderazgo es hacer las cosas*». Hay muchos líderes sincericidas, que arrollan por su ímpetu y que no manejan la sutileza vaticana de saber decir las cosas.

También, debemos tener en cuenta las situaciones donde se da el *feedback*. Se suelen utilizar una serie de consejos claros:

1. **Dígaselo a él y sólo a él**. Decía Winston Churchill que «*quienes hablan de mí a mis espaldas, mi trasero les* contempla». Es habitual que ejerzamos de ventilador de opiniones generando corrientes de juicios que, a veces, cometen la injusticia de no saber la réplica y la justificación necesaria del que recibe el *feedback* negativo.

2. **Utilizar un discurso entendible**. Siempre recordaré aquel director de fábrica que llamaba a los despidos como «desvinculaciones proactivas». El lenguaje debe cumplir su misión de aclarar y apoyar al saber y no oscurecer y caer en circuitos de eufemismos continuos.

3. **La honesta humildad humana**. Dar un *feedback* negativo necesita de un continuo ejercicio de honestidad mutua, planteado desde la humildad de saber sólo que no se sabe y comprendiendo lo humano del errar. Esta máxima debe ser el principio de cualquier diálogo constructivo en un proceso de *feedback* negativo.

Y, por último, ¿cómo se acepta un *feedback* **negativo?** Si te tienes que preparar para dar un *feedback* negativo también tenemos que sensibilizarnos a su recepción.

Nos dice Daniel Kahneman, gran psicólogo económico, que también se pueden definir como Síndrome de Obélix a aquellos dirigentes políticos que, a pesar de que les des datos de la crisis, lo niegan porque no lo quieren saber. Eso pasa en muchas ocasiones en el *feedback* negativo, negar que los demás se equivocan es la reacción humana de supervivencia que viene de nuestros ancestros más cazadores. La neurociencia de la razón cuando se corrobora la existencia de determinadas sustancias en el cerebro cuando alguien acepta un *feedback* negativo. Para entrevistarse y recibir *feedback* hay que seguir unos simples consejos como:

1. **No matar al mensajero** e incluso darle las gracias porque, si no, no lo sabrías. Lo importante del *feedback* es el qué es, no los por qué, quiénes o cómos. Es preciso aceptar el *feedback* para cambiar. Desde la más profunda teoría de la evolución lo decía Darwin: «*No sobrevive el más inteligente, ni el más fuerte, sino el que mejor se adapta a los cambios*».

2. **Pensar en la acción del cambio** más que en poner el foco en el análisis, origen, diagnóstico de lo negativo que hemos realizado. Los análisis pierden fuerza cuando se convierten en el discurso fundamental de un *feedback*. La pregunta inmediatamente después del *feedback* es: ¿cómo voy a cambiar? Todos somos dueños, únicamente, de nuestro propio cambio.

3. **Psicología de la oportunidad.** La vida nos ofrece diferentes alternativas para vivirla y cada día tenemos la oportunidad de poder cambiar. Incluso el ser humano puede cambiar aunque a corto plazo le vaya muy bien.

Visualizar una oportunidad y no problemas es centrarse en la solución y no en el proceso. Lo importante es convertir la amenaza en una oportunidad y no como muchos ven, la oportunidad en una amenaza. Nos dice el proverbio chino: «*Jamás se desvía uno tan lejos como cuando crees conocer el camino*». No hay camino del cambio sino que hay que hacerlo al creer que todo lo negativo es una verdadera oportunidad.

En fin, que más que selfis hay que hacer retratos de la realidad y posibilitar espejos donde se refleje tu verdadera imagen profesional. Estoy harto de tantos selfis profesionales (gracias a mí, por mí, fui yo, etc.) que generan situaciones donde sale la persona en un primer plano. Prefiero los antiguos autorretratos que sólo se basan en él, donde se podía apreciar la multitud de imperfecciones que componen a un ser humano. Y, para tener un buen autorretrato psicológico de uno mismo se necesita del *feedback* de otras personas. Aquí es donde el *feedback* negativo genera su mayor poder de evocación. Poner foco en lo que se debe mejorar pero desde las destrezas que ya tenemos es lo que convierte al *feedback* en una mágica herramienta, pero que debe saberse usar. Saber dar *feedback*, crear la situación apropiada para darlo y saber aceptar el *feedback* son grandes áreas de desarrollo del comportamiento organizacional.

Para acabar, tres sugerencias:

— Con R. Tagore: «*A quienes de tanto predicar el bien, se olvidan de ser buenos*». No des *feedback* si no sabes aceptarlo.

— Como el himno del Atlético de Madrid: «*Siempre la afición se estremece con pasión*». Que la pasión no ciegue a tu sentido común.

— C. Y como decía el gran Gila: «*¿Alguien ha exigido algo a alguien?* El *feedback* es súbdito de su búsqueda.

Y que, como Obélix, sintamos el peso del placebo y aunque no hayamos probado la poción mágica seamos mágicos per se, auténticos hombres y mujeres 3H (honestos, humildes y humanos) ¡Y que no seamos un Obélix frente a la báscula de peso! ¿O en vez de estar gordos estáis «en un momento álgido de expresividad muscular»? ¡Anda ya!

? PREGUNTA PODEROSA

¿Por qué el feedback negativo es peor que el positivo como herramientas para desarrollar a los empleados?

♀ PREGUNTA ÚTIL PARA LA PERSONA

Tener las «3H»: La honesta humildad humana para aceptar las criticas y construir tu futuro con tu adaptación a la realidad.

♀ PREGUNTA ÚTIL PARA LA EMPRESA

Incluir el feedback como ejercicio habitual en la dinámica de la empresa. Entrenarse en gestionar el feedback como ganancia para desarrollar el liderazgo.

SÍNDROME GEORGE CLOONEY: TALENTOS DIVERSOS Y COMPROMETIDOS

No existe un único talento, cual vara de medir en el mostrador del comercio de las competencias, sino que hay diferentes modelos de talentos individualizados y concretizados. Este concepto nos lleva a considerar a cada persona como única.

Si clasificamos en personas con talento y quien no lo posee, y a estas últimas no se les da la oportunidad del desarrollo, no sólo dejamos de desarrollar los talentos sino también desmotivamos por no querer su propio compromiso.

Habitualmente solemos desconsiderar al talento como lo básico cuando hay otra característica que lo ensombrece. Cuántas veces hemos utilizado el término machista de «rubia tonta» o hemos considerado la inteligencia de una persona por su escasa belleza. A este síndrome lo denominamos Síndrome George Clooney, y en él el talento no es apreciado per se sino por unos estereotipos asociados. Todo el mundo destaca la prestancia de George Clooney sin destacar su talento como actor o como personaje público solidario. Este síndrome explica muchos de los estereotipos de talentos, como que el talento debe ser serio, no tener mucha belleza o que se le disculpe por vestir mal. Estos estereotipos me llevan a considerar el término talento como un concepto empresarial a evolucionar. Hemos hablado mucho del talento con mayúsculas sin considerar los talentos en minúsculas. Muchas veces, la diversidad del talento no se considera en mor de la figura idealizada del talento. Y esto no sería muy grave si no conllevará unas políticas en busca de un concepto utópico de talento sin caer en la idea de que los talentos son diversos y que lo importante no es sólo tener talento sino que éste sea comprometido. Decía José Saramago: «*Cuántos ciegos serán precisos para hacer una ceguera*». Esta ceguera organizacional ha hecho mucho daño históricamente en Recursos Humanos. El talento en genérico no existe, es una abstracción que a veces nos condiciona a la hora de elaborar una macropolítica de Recursos Humanos estratosférica. De ahí, el interés de bajar a tierra el concepto y de darle su sentido utilitarista en un entorno empresarial. Hay cuatro principios que suelo plantear cuando me solicitan hablar de talento en una organización que me gustaría explicar a continuación:

1. **No existe el talento sino los talentos diversos.** En 1983 Howard Gardner y su equipo de la Universidad de Harvard nos lanzaron el modelo de las inteligencias múltiples. En este modelo la inteligencia no es vista como algo unitario que agrupa diferentes capacidades específicas sino como un conjunto de inteligencias múltiples, distintas y semi-independientes. Es básica esta concepción con mi concepto de talentos diversos según el cual cada persona poseemos una mezcla exclusiva de talentos diversos que componen nuestro «Talent Branding», y por tanto, nuestra versión del talento que aportamos a nuestra empresa. No existe un único talento cual vara de medir en el mostrador del comercio de las competencias, sino que hay diferentes modelos de talentos individualizados y concretizados. Este concepto nos lleva a considerar a cada persona como única, luego necesitamos políticas y sistemas customizados para hacer eficaz su gestión. Decía Luigi Pirandello que «*los hechos son como los sacos,*

si están vacíos no se pueden tener en pie». El talento necesita de contenidos que le caracterice y así no podemos hablar del talento en general sino de tal o cual talento en específico. Con esta concepción no podemos buscar un único talento, tampoco podemos decir que en cualquier situación una persona tiene más talento que otra. El talento individualizado y situacional implica analizar la identificación y la evolución del mismo desde un prisma de psicología diferencial. Como decía un tío mío cuando yo estudiaba Psicología, un psicólogo es la persona que más veces utiliza el término «a veces», y es verdad. Esta ciencia nos lleva a relativizar los conceptos genéricos de fácil divulgación pero de inexacta calibración. En las organizaciones hay talentos diversos y, es más, la diversidad del talento es una gran riqueza organizativa porque tenemos la posibilidad del cambio internamente. Poseer talentos muy homogéneos nos impide percibir, analizar y gestionar tan heterogéneamente como son los entornos de negocio actual. Más vale tener diversidad, ya que el contexto cambia de exigencia cada poco tiempo. Me gusta la expresión en minúscula de talentos diversos a nivel de empresa y principalmente a nivel persona.

2. **El talento sin compromiso empresarial no sirve.** Poseer talentos es una condición necesaria para aportar adecuadamente a una empresa, pero no es suficiente si no está comprometido. El *engagement* es la característica diferencial de una política de Recursos Humanos más que la adquisición, la gestión y el desarrollo del talento. Para qué quiero el talento si no tengo compromiso con una empresa. Como dice el semiólogo italiano Paolo Fabbri, *«es muy difícil ser contemporáneos de nuestro presente»,* ya que no sólo implica la tecnología sino también la sutileza de los conceptos a manejar. No vale tener talentos (Ronaldo, Messi, etc.) sin tener *coach,* equipo, club, que generen compromiso. El talento comprometido tiene un

grado de movilización tan grande que hay que buscar estar maravillosa mezcla. El *engagement* sin talento puede conseguir algún resultado positivo, fruto de su actitud, pero nunca conseguirá el futuro perfecto de poseer grandes talentos movilizados por el compromiso. No existe una organización sin tener ningún talento, ahora desde una perspectiva macro es interesante disponer de un mosaico lo más completo de talentos. Yo considero los talentos como las teselas de un mosaico romano en el que cada una de ellas tienen significado, pero que tienen valor cuando configuran la imagen del fondo que es el compromiso. Conseguir el compromiso del talento en tu organización es el verdadero «leit motiv» de una política de Recursos Humanos ya que adquirir los talentos, tener herramientas para gestionarlos adecuadamente e incluso tener políticas eficientes para su desarrollo se puede conseguir, pero obtener el compromiso de las personas es muy difícil. Un talento que a veces es escaso en las organizaciones es, precisamente, el talento de gestionar personas. Un jefe no debe ser un *coach*, pero debe ejercitar todas las habilidades del *coach* para ser un brillante ilusionador del compromiso que multiplica el valor de los talentos. El pintor Ramón Gaya decía: *«Todos somos indigentes... de algo»*. Me gusta la metáfora de indigente de talentos como forma de movilizar nuestro perfeccionamiento personal. Hasta el mismo George Clooney será indigente de algún talento.

3. **El talento no necesita de un trato especial.** En mi experiencia me he encontrado en multitud de ocasiones con que las empresas hacen programas especiales para los talentosos. Me parece un gran error clasificar a las personas por talento cuando no sabes qué talento será necesario en un futuro para la empresa. La demanda de respuesta empresarial en un entorno cambiante hace que tengamos fundamentalmente capacidad de aprendi-

zaje más que unos talentos específicos. La orientación a aprender, a cambiar, a salir de tu zona de confort es una característica de nuestro tiempo, por tanto, tengo mucho miedo de las empresas que tienen talentos consolidados sin disponer del plus de mirada continua de querer aprender. Creo más interesante la creación de ecosistemas de aprendizaje donde las personas con diversos talentos puedan desarrollarse y poner a disposición de la empresa cada vez más diferentes talentos comprometidos. Desarrollar los talentos con una consideración amplia de su valor empresarial y, ante todo, el propio desarrollo como una gran palanca de generación del compromiso. Si clasificamos en personas con talento y quien no lo posee, y a estas últimas no se les da la oportunidad del desarrollo, no sólo dejamos de desarrollar los talentos sino que también desmotivamos por no querer su propio compromiso. Debemos deshacer la montaña del talento ya que el escritor Raymond Carver expresaba: «*Tú no eres el personaje, pero tu personaje si eres tú*». El talentoso quiere y adquiere una pose de tener y querer que impide el compromiso de los que no son considerados como talentos. La única clasificación útil para la empresa es la clasificación de aprendices de las personas, es decir, la capacidad de sentirse aprendiz de una nueva realidad. Tener los mejores talentos significa disponer de grandes aprendices en tu empresa.

4. **El talento se reinventa cada día.** El cambio de valor de los talentos empresariales varía que es una temeridad. Poseer un talento determinado y no cultivarlo es una manifiesta torpeza, pero aún más pensar tener talento por la ilusión que la formación lo puede posibilitar. Es la experiencia el gran explicativo del valor de tu talento pero incluso más las ganas de tener nuevas experiencias retadoras en tu futuro que las experiencias pasadas. Disponer y anhelar tener experiencias es un grado

enorme de disponer de futuros talentos. Los griegos llamaban sabiduría a la experiencia razonada pero no al conocimiento adquirido desde lo libresco sino desde el aprendizaje de los avatares profesionales. Un currículum del talento debe tener fracasos, superaciones, cambios y, ante todo, aprendizajes de la realidad. El talento no es agua estancada sino fluir continuo de nuevos aprendizajes, como decía Leonardo Da Vinci. La reinvención de nuestros talentos es la gran cura de humildad del ser humano, lo que ayer era un valor competitivo de mis competencias hoy necesito cambiarlo por el entorno, las circunstancias e incluso por pura ausencia de actualización. Aceptación del cambio personal con orientación al aprendizaje es la actitud de un talento con futuro. Los talentos necesitan del cambio como variable que se convierte en constante. Aun así, todo necesita de su dosis, pues igual que Stendhal nos decía que «*un poco de pasión aumenta el ingenio, mucho lo apaga*», los talentos deben cambiar en su dosis justa y continua para que se pueda identificar su propio cambio. Talentos reinventados es un gran antídoto contra el pedestal del talento apreciado por un mero título académico.

En fin, los talentos diversos, comprometidos, con capacidad de aprendizaje y orientados al cambio son la verdadera matización al concepto genérico de talento. El síndrome George Clooney expresa claramente estos cuatro conceptos. El actor no quiere ser sólo actor, se compromete con una visión del mundo, se reta con diferentes tipos de películas y roles en su mundo, y acepta cambiar según va aprendiendo. Creo necesario reivindicar un nuevo concepto de talento, pues todos tenemos talentos diversos pero, sobre todo, tenemos una capacidad de aprendizaje y de cambio que nos posibilita un mejor compromiso con nuestra organización. Para acabar, una historia que me comentaban en mi pueblo palentino. Dicen que un pastor al lado de una fuente vio un ciempiés y le preguntó (ya sabemos que las fábulas pastoriles se dialogan con animales): «¿Cómo hace para coordinar tantos pies?». El ciempiés empezó a pensar en ello y nunca más volvió a andar bien. No caigamos en el análisis por el análisis de los talentos y luego no sepamos tener talentos. Lo importante es aprender todos los días algo nuevo y estar orientados a cambiar si es necesario. Vuelvo a reivindicar la amplitud de miras, la ambición en el aprendizaje, lo racional del cambio y, sobre todo, la mesura en la autoventa. Yo me voy con mis humildes talentos a aprender algo nuevo. ¿Y tú, cuando fue la última vez que aprendiste algo nuevo?

PREGUNTA PODEROSA
¿Para qué queremos tener talento sino tiene la pasión de su compromiso con la empresa?

PREGUNTA ÚTIL PARA LA PERSONA
Diversifica tu talento para ser más versátil frente al cambio y profundiza en tu compromiso con la empresa para ser más feliz en tu día a día.

PREGUNTA ÚTIL PARA LA EMPRESA
Incentivar la diversidad de los talentos es incrementar tu capital humano y tener una vacuna rente al cambio. Facilitar el compromiso de las personas es la mejor manera de atraer y retener el talento en las organizaciones.

SÍNDROME OBAMA: DEL PODEMOS AL HACEMOS

NOS PERDEMOS EN GRANDES PALABRAS SIN CAER EN LOS TOZU-
DOS HECHOS QUE TENEMOS QUE HACER, ES COMO UN QUERER
PERO NO PODER.

NO SE PUEDE GENERAR EXPECTATIVAS Y DEJAR AL AZAR PARA
QUE OCURRAN, POR TANTO, ES MÁS INTELIGENTE PROMETER
ESFUERZOS QUE GARANTIZAR RESULTADOS.

NO OLVIDÉIS QUE HAY QUE GENERAR EXPECTATIVAS PERO
CUANTO MÁS UTÓPICAS, QUERIDAS, CON POCAS ALTERNATIVAS
Y CON EXPRESIONES GRANDILOCUENTES MÁS DIFÍCIL TENE-
MOS SATISFACERLAS.

Muchos directivos me recuerdan a Obama por su gestión de expectativas principalmente cuando se acerca el principio de un nuevo ejercicio. En USA ya se habla del Síndrome Obama para aquellas personas que con gran oratoria te ilusionan con promesas pero que después escasean con los hechos de su actividad. Hacer lo que se dice es la premisa de una buena gobernanza empresarial y las promesas, cuando se incumplen, pasan factura. La gestión realista de una dirección de personas pasa por saber gestionar adecuadamente las expectativas. Saber ilusionar no requiere de grandes discursos sino de efectivas conductas productivas. Grandes mensajes no vale en época de pequeñas esperanzas. Para gestionar las expectativas adecuadamente hay una serie de consejos que creo que tenemos que analizar:

1. **La mejor expectativa es la más querida por los empleados pero ¿es posible?** A veces nos dejamos guiar por aquellas expectativas que la gente quiere escuchar. El auditorio guía al orador a enredarse en expectativas no queridas por él pero sí por su auditorio. La famosa frase *«lo que salga del Parlamento Catalán es lo que defenderé en Madrid»* es un ejemplo de medidas populares de enorme impacto, pero también de grandísima desafección si no se pueden cumplir. Diría Bruce Lee con su lacónico lenguaje: *«No estamos en el mundo para vivir las expectativas de otra persona pero tampoco para vivir de acuerdo con mis expectativas»*. Debemos saber calibrar hasta qué punto las expectativas son nuestras y, por tanto, creemos que podemos conseguirlas. La máxima adaptación a las expectativas aclamadas por tu público genera falta de realismo para poder conseguirla. Me encanta ver la fuerza de las expectativas generadas desde la seguridad del directivo de lo que hay que hacer para conseguirla. Generar altas expectativas con enorme control externo es estar abonado a un fracaso anunciado. Prometer es fácil pero como decía Adolfo Suárez, *«no sólo hay que prometer sino poder prometer»*. Si equivocamos el plano del querer con el plano del poder tenemos el origen del conflicto en el hacer. Por mucho que hagas no vas a poder satisfacerla y al final generaremos insatisfacción porque el origen de toda desilusión no impide la teoría del «guiño» a la utopía. Siempre hay que ilusionar al auditorio con un querer que ilumine la voluntad, pero matizándolo y contextualizándolo con la triste realidad de lo posible. No se trata de anular sueños sino de querer soñar con las posibilidades de la realidad empresarial. La pasión en transmitir el futuro no debe acabar en promesas inútiles e incapaces de cumplir. Decía Stein: *«Hay que tener aspiraciones elevadas, expectativas moderadas y necesidades pequeñas»*. No confundir aspirar con esperar. En fin, no hay mejor expectativa que la que se puede cumplir por tu propio hacer.

2. **El conocer las expectativas implica conocer sus posibilidades**. En muchas ocasiones sabemos lo que motivaría a nuestro empleados pero, ¿es realista alimentar unas expectativas irrealizables? Nos perdemos en grandes palabras sin caer en los tozudos hechos que tenemos que hacer, es como un querer pero no poder. Hay una regla que siempre utilizo con mis coachees directivos y es que cuando estás prometiendo hechos generas grandes expectativas, cuéntate los hechos que tienes que hacer al día siguiente para conseguirlo. No hay que prometer ideas sino expresar esfuerzos para conseguir estas ideas. Las personas comprendemos la no consecución de un fin pero tras haberlo intentado por el directivo. Por tanto, prometamos esfuerzos y no metas que impliquen realizar unos determinados trabajos. Si hemos visto que un primer lugar debemos saber lo que podemos hacer para conseguir las expectativas, en segundo lugar, hay que hacerlas para conseguirlas. No se puede generar expectativas y dejar al azar para que ocurran, y por ello es más inteligente prometer esfuerzos que garantizar resultados. En un entorno como el del 2015, de superación con sobrevivencia, como me decía un veterano Director General, hay que prometer con 4 S: **S**uponemos la **S**uperación pero **S**ufriendo la **S**obrevivencia, tengamos prudencia con las expectativas. No por prometer grandes superaciones tendremos mejor nuestra sobrevivencia. Sobrevivir en momentos álgidos de cambios implica adaptarse a un nuevo mercado que puede tener un alto nivel de superación, pero no exactamente en lo que nosotros sobresalimos. Las buenas noticias del mercado no implican una traducción exacta de mejora en nuestro propio negocio. No estamos en momentos de grandes palabras de visionarios sino en pequeñas manifestaciones pragmáticas adaptadas a nuestro quehacer diario. Expectativas posibles y plausibles implican que se motive desde el realismo del esfuerzo necesario. Lo

importante no es lo bonito de lo utópico sino la belleza de lo posible. Como decía Alphonse Karr: «*Toda persona tiene tres versiones: la que exhibe, la que tiene y la que querría tener*». Gestionar expectativas implica reconocer con detalle la viabilidad de su consecución.

3. **Toda expectativa debe tener un plan B pero, ¿y si no lo conseguimos?** Al menos lo hemos intentado y, ante todo, casi seguro que hemos avanzado. Valorar las contingencias de nuestra evolución no pretende ablandar la fuerza de una buena expectativa sino, más bien, tener la posibilidad de canalizar la fuerza de las expectativas a los resultados obtenidos por intentarla conseguir. La gestión contingente de las expectativas conlleva una clara apuesta por el realismo y genera la confianza del esfuerzo sin saber su resultado. Todo plan necesita de ilusión pero toda ilusión se basa en el esfuerzo que se introduce para conseguir los resultados, esfuerzo que en sí no vale si no está en comparación con la meta. Todos necesitamos saber qué queremos conseguir para valorar los esfuerzos que estamos haciendo. Para acabar una etapa del Camino de Santiago necesitamos ilusionarnos con Santiago, pero ante todo verlo viable si nos esforzamos. Como decía el sabio chino Laotzu: «*Tenga muy en cuenta hacia dónde se dirige, porque bien podría acabar llegando*». A veces, se necesita un cambio de plan (cambiar el camino) para llegar a la misma meta. De ahí la importancia del cambio de camino que no significa traicionar la meta soñada. Hay que gestionar adecuadamente las expectativas necesarias para no loar los medios cuando lo importante es llegar a la meta. La gestión de una contingencia en las expectativas es muy productiva para no seguir las acciones que no llevan a las metas. Pero hay que hacerlo con:

— *Honestidad.* No lo estamos consiguiendo y por eso cambiamos.

— *Humildad.* No ha funcionado pero creo que podemos conseguirlo al cambiarlo.

— *Sinceridad.* No sabemos si funcionará el plan B, pero creemos que hay que intentarlo.

Cambiar no es el problema sino explicar por qué se debe cambiar. Si no se cambia ya sabemos que no vamos a conseguirlo. Merece la pena intentar el cambio para obtener las expectativas. Al movimiento político Podemos no se le puede criticar por cambiar su programa para conseguir su utopía sino más bien hay que criticarle su nivel de consecución de la utopía ¿Es posible? ¿Es realista? ¿Son sus preguntas poderosas no decirles que ya están cambiando su programa para perseguir las expectativas conseguidas? Cambiar las formas es aceptado por las personas, pero no el renunciar a las expectativas sin volver a intentar conseguirlas.

4. **El discurso de las expectativas.** La utilización de expresiones categóricas y absolutas conlleva a valorizaciones radicales. Expectativas gestionadas con «siempres» o con «nuncas» implica un alto nivel de consecución de los resultados. La inteligencia de un discurso con expectativas se basa en la firmeza y la pasión al contarlo así como en la suavidad de lo explicado en el discurso. La persuasión de los discursos directivos debe basarse en actitudes expresivas más que encerrarse en trampas discursivas. Las palabras fuera de contexto y mal utilizadas por personas malintencionadas nos pueden llevar a una inadecuada gestión de expectativas aparentes. Medir lo que se dice pero ser efusivo en cómo lo dices es la norma habitual de un directivo, pero evitando continuas perífrasis tan lejanas de un entorno motivacional, las palabras huecas generan desconfianza y las expresiones grandilo-

cuentes generan lejanía emocional. Todavía me acuerdo de aquel directivo que hablaba a sus colaboradores de «externalización proactiva» para hablar de despidos. Las palabras envuelven la realidad y su única función es entender mejor la realidad, no como lo utilizan nuestros queridos políticos generando «luz de gas» para quedarse con las expresiones y no con las acciones. Más vale acciones sin saber expresarlas que palabras sin tener acciones. Expresiones sencillas y sin grandes pretensiones. Como dice el gran escritor John Banville: «*La invención más trascendental de la humanidad es la frase y con ella se escribe nuestro mundo*». Hay que escribir nuestro mundo para tener expectativas sanas y saludables.

En fin, Obama ha generado muchas expectativas en USA y a expensas de sus últimos tiempos como «pato cojo» hemos visto que la realidad es difícil. La desafección a un discurso no viene por el incumplimiento sino por no haber cambio para cumplir las expectativas. *Yes We Can* o *Podemos* son grandes movilizadores sociales pero sólo serán grandes realidades de evolución social si no defraudan sus expectativas. La visión pragmática nos dice que siempre hay que crear expectativas pero, por favor, que sean realistas y verosímiles. En este sentido, las cuatro preguntas poderosas que todo directivo debe utilizar para no caer en el Síndrome Obama son:

1. ¿Son posibles las expectativas generadas?
2. ¿Soy consciente de lo que implican estas expectativas?
3. ¿Tengo plan B para cambiar y poder seguir persiguiendo las expectativas?
4. ¿No seré esclavo de mis palabras comprometidas?

No olvidéis que hay que generar expectativas pero que cuanto más utópicas, queridas, con pocas alternativas y con expresiones grandilocuentes sean, más difícil tendremos satisfacerlas. Y termino con Picasso, tan buen pintor como pragmático, que decía con su sinceridad expresiva: «*Puede quien cree que puede y no puede el que cree que no puede*». Creer que uno puede debe basarse en el realismo de tu saber, tu saber hacer y, ante todo, de tu querer hacer. Yo a partir de ahora voy a militar no en la casta del poder (podemos) sino en la comunidad del hacer (hacemos). Más hacer y menos prometer.

? PREGUNTA PODEROSA
¿Es mejor crecer de la expectativas a la realidad que aceptar que la realidad siempre es peor que las expectativas que teníamos?

♡ IDEA ÚTIL PARA LA PERSONA
Las expectativas son posibilidades, potencialidades de acciones exitosas pero nunca realidades per se. Creer en el cambio positivo es una actitud pero creerse que tener buenas expectativas es la solución puede conllevar en la desilusión en tus resultados

♡ IDEA ÚTIL PARA LA EMPRESA
Hacer más realidades y plantear expectativas más pragmáticas que correlacionan con la posibilidades del entorno es un mejor ecosistema para el éxito empresarial. Vender futuros desde la ilusión de lo posible y la demostración de lo hecho hasta ahora.

EL SÍNDROME SÍSIFO: EL VOLVER A EMPEZAR CONTINUO

Volver a empezar es una situación mágica para renovar ideas, esfuerzos y, ante todo, ilusiones

«A veces nos pasamos tanto tiempo contemplando una puerta que se cierra que vemos demasiado tarde otra que se abre»

Si en el futuro no se plantean retos, ¿dónde estará la satisfacción de haber logrado lo que nos proponemos

A todos los directivos al empezar el año nos viene a la cabeza el mito de Sísifo como metáfora del esfuerzo incesante para seguir compitiendo. Sísifo, en la mitología griega, fue condenado por los dioses a perder la vista y a empujar perpetuamente una enorme piedra cuesta arriba hasta la cima, sólo para que volviese a caer rodando hasta el valle, desde donde debía recogerla y empujarla nuevamente hasta la cumbre y así indefinidamente. Empezamos el año volviendo a empujar la piedra hasta la cima y luego se volverá a caer. Las alegrías y las tristezas de un buen o mal año duran poco, como decía un antiguo jefe nada más que las navidades. Si consigues buenos resultados enseguida se olvida porque hay que empezar de nuevo y si no han sido tan buenos siempre tenemos la suerte de volver a empezar. Volver a empezar es una situación mágica para renovar ideas, esfuerzos y, ante todo, ilusiones. Pero se encuentran habitualmente tres tipos de reacciones en el comportamiento directivo:

1. Aquellos que se regodean en el pasado año.
2. Los que sólo están contando en qué hacer en este año.
3. Aquellos que se obsesionan con el futuro.

Creo necesariamente que combatimos el síndrome Sísifo con una visión realista de los tres planos: pasado, presente y futuro. Como decía J. Thurker: «*No mires hacia atrás con ira, ni hacia adelante con miedo, sino mira alrededor con atención*». Las emociones no pueden impedir tener la suficiente sangre fría de hacer un buen planteamiento actual. Sin el sinsabor de la pasada crisis, pero sin la complacencia de un futuro mejor, hay que plantearse el presente con mucha atención al entorno.

Habitualmente en el inicio de año me preguntan como *coach*: ¿Cómo debemos encarar el año? ¿Hay que ser optimistas? ¿Qué puedo hacer distinto de lo que hice el año pasado? ¿Cómo lo hacen los otros? A estas preguntas lógicas siempre contesto que debemos mirar el pasado con templanza, explorar el futuro con honestidad y, ante todo, trabajar el presente con humildad ¡Y algunos creen que me he convertido en sacerdote! Pero es verdad que la ira para apreciar el pasado, el miedo para visualizar el futuro y la prepotencia para valorar el presente son malos consejeros. Suelo explicar mi «teoría de las nueve preguntas estratégicas» que sirven para hacer una buena visión sistémica del pasado, el presente y el futuro. Esta teoría, surge de dar respuesta a las continuas preguntas que me hacen los directivos al empezar el año y, que como buen estoico, le devuelvo con otras nuevas preguntas que se tienen que hacer. Hay tres tipos de preguntas:

1. Preguntas para el pasado: donde poner foco para aprender del pasado.
2. Preguntas para el futuro: donde tengo que visualizar nuestro anclaje motivacional.

3. Preguntas para el presente: donde tengo que valorar mi situación actual.

Además el orden debe ser primero el pasado, ya que una vez planteadas y contestadas estas preguntas, el pasado, pasado está. Después preguntas para el futuro y tras contestarlas el futuro, futuro será y, por último, continuar con el presente donde está el máximo interés, ya que el pasado y el futuro son simplemente hitos de referencias para nuestro hacer en el presente ya que el presente es, ni fue ni será.

La teoría de las nueve preguntas se basa en la actitud que el gran inventor Alexander Graham Bell nos decía: «*A veces nos pasamos tanto tiempo contemplando una puerta que se cierra que vemos demasiado tarde otra que se abre*». En este sentido, hay que hacerse las preguntas a la vez con orden y, ante todo, con honestidad porque si no nos estamos mintiendo en nuestro solitario estratégico.

LAS PREGUNTAS SOBRE EL PASADO AÑO

1. ¿Cuáles han sido los fracasos del año? Estamos de acuerdo que los éxitos nos motivan más que los fracasos pero nos movilizan menos. El éxito se celebra pero se aprende menos que del fracaso. Cuando piensas en esos dos o tres fracasos que no hemos sabido solucionar ponemos foco en el cambio. Pero sin ira, el error pasado sólo nos sirve para crecer ya que pasado está. Una aproximación como antropólogo al error es la que yo propongo, se trata de no valorar el error sino de analizarle sistemáticamente con todas sus concausas, condiciones, contexto y consecuencias (las 4C de un buen análisis). Y con una visión como Thomas Bernhard de logros frente al polvo, seguro que he aprendido y en este año he crecido en saber, saber hacer y, ante todo en querer hacer.

2. <u>¿Cuáles son las experiencias significativas?</u> Del año pasado debo destacar que mi entorno me ha llevado a experimentar nuevas situaciones de mercado ¿Cuáles han sido estas experiencias significativas que me han marcado y por las que yo identificaría el año pasado? Estas experiencias pueden haber sido un éxito o un fracaso pero es interesante saber cómo se han presentado, quién ha contribuido a su vivencia y qué valor han aportado a mi crecimiento personal. Qué situaciones de peligro me ha presentado el entorno y cómo las hemos superado, porque ya lo decía Holderlin: «*Allí donde anida el peligro, crece también la salvación*». Esas dos o tres experiencias nuevas que han surgido el año pasado, inesperada y que me han servido para crecer en este nuevo año.

3. <u>¿Cuáles son las sensaciones predeterminantes?</u> Qué he visto, olido, oído, degustado y tocado en el año anterior. La importancia de lo sensorial a la hora de valorar la experiencia anterior. La sensación me sirve para valorar como he sabido encarar los fracasos y las experiencias que me ha dotado la maravillosa vida. Todo el mundo valora cómo es un sentirse bien o mal, o cómo es un buen o mal año pero, ante todo, se ha sentido de una forma adecuada o no en una visión holística de entender las experiencias profesionales.

Lo importante es aprender el pasado con el elemento más racional, valorar como hechos pasado ya que las emociones pueden hacer re-vivir y volver a sentir el pasado como parte influyente del futuro. «*Agua pasada no mueve molino*», decía mi abuelo palentino, a lo que yo añado «*y que nos quiten lo bailado*».

LAS PREGUNTAS SOBRE EL FUTURO

El futuro es muy traicionero porque todo vale. Mientras el pasado lo cambiamos para explicar mejor nuestra conducta, el futuro no es que lo cambiemos, es que nos lo inventamos directamente. Hay que tener cuidado en ser honesto a la hora de plantearlo, es decir, no querer imposibles con nuestros recursos posibles. Las tres preguntas son:

1. ¿Qué retos tenemos en el futuro? El futuro no está escrito y, por tanto, no podemos proponernos solamente planes sino también la emoción del reto. La seguridad de conseguir un reto alimenta nuestro principal capital competitivo que es nuestra autonomía. Si en el futuro no se plantean retos, ¿dónde estará la satisfacción de haber logrado lo que nos proponemos? Hoy día es muy habitual los directivos que dicen: «*En este paupérrimo entorno yo no me planteo retos, voy día a día*». El día a día necesita de la ambición del reto, nadie puede pensar en el futuro sin tener una emoción en el logro de unos objetivos.

2. ¿Qué quiero ser de mayor? Para mi es la pregunta básica. Es el propósito definitorio de tu profesionalidad. Esta pregunta que últimamente hago muy a menudo a los directivos, siempre tiene una contestación: «*Ser feliz*», pero los directivos no se dan cuenta que la felicidad no es una arcadia a la que se llega y ya está, sino que es el andar por el camino, es el proceso y la actitud de una persona al vivir lo que define su felicidad. No se puede querer llegar a un estado idílico de felicidad, sino ser feliz en el camino que se emplea en llegar a ser tu propia persona. Esta pregunta es profunda pero muy necesaria.

3. ¿Qué cambios voy a hacer? Lo importante es cambiar en función de tus retos y de lo que quieres ser de mayor. Igual que las empresas, que ya no necesitan planes de negocio sino nuevos modelos de negocio, las personas necesitan nuevos modelos de ser persona. Hay que reinventar hasta el propio concepto de reinvención. Como decía Santiago Ramón y Cajal: «*Me reservo el derecho a pensar según mis ideas*». Todos tenemos derecho a cambiar para conseguir nuestros retos y nuestro querer ser.

Tras preguntar al futuro con la honestidad de un hombre de pueblo, ya que lo peor es equivocarnos por grandilocuencias creídas y petulancias adquiridas, debemos centrarnos en el presente.

LAS PREGUNTAS SOBRE EL PRESENTE AÑO

Cómo dijo el poeta, qué hay más allá del presente. El presente es donde tenemos que trabajar tras lo aprendido del pasado y lo motivado que estamos con el futuro. Además, debemos acercarnos con la humildad del científico que no da nada por supuesto o sabido. Las tres preguntas del presente son:

1. ¿Qué me dice el entorno? Hay que leer el contexto casi diariamente, hay que apreciar la agilidad de los cambios que se producen en el ambiente. Es importante la curiosidad continua de entender el mundo, cómo se percibe el presente y cómo se vive lo que se está produciendo. De enero del 2015 a enero del 2014 no tiene nada que ver ni en condiciones macroeconómicas ni en variables sociales, es muy interesante estar continuamente con la actitud de un curioso de la realidad actual ya que no podemos muchas veces adelantarnos. Ante todo, tengamos conocimientos coetáneos del entorno que es básico para ser competitivos.
2. ¿De quién puedo copiar con orgullo? Ya que copio, lo hago con el orgullo de que lo estoy mejorando. Lo importante es saber quién está elaborando una mejor solución y que yo pueda aprender de él. Es importante elaborar modelos mentales competitivos continuamente al observar, mimetizar y fagocitar experiencias ajenas. El aprendizaje observacional de personas competitivas en el presente es una gran fuente de innovación. Crear es cocrear, innovar es colaborar y, fundamentalmente, com-

petir se basa en compartir. Nadie por sí solo puede crear, innovar y compartir en un entorno actual de endiablada interrelación de negocios.

3. ¿Qué aprendo cada día? El presente tiene el enorme sentido de ser el contenido de un aprendizaje continuo. Es el campo de experimentación donde pruebo mis hipótesis, establezco mis cambios y, ante todo, genero aprendizaje de mis experiencias. La sabiduría práctica se trata de saber hacer tu cambio diario. El psicólogo Barry Schwartz cuando analizó el juicio o sentido común determinó que lo importante en la empresa es tener profesionales con sabiduría práctica. Una persona con sabiduría práctica sabe cuándo tiene que hacer una excepción en su trabajo, cuándo improvisar, cuándo se está haciendo un buen trabajo y cuándo tiene que cambiar. Saber cambiar por haber aprendido es en lo que se enriquece el presente.

En fin, que las aptitudes de un antropólogo para valorar justamente el futuro, la capacidad del labrador para saber retarse y tener una visión práctica del futuro y, fundamentalmente, las competencias de un científico para valorar la humildad del presente. Este antropólogo, labrador y científico tiene que superar este síndrome de Sísifo. Siempre hay que subir una piedra a la montaña y ¡bendita piedra que tenemos que subir!, pero siempre hay que subirla con la alegría de que la felicidad está en el paisaje de alrededor al subir la piedra más que en la cumbre. Por cierto, las cimas profesionales siempre son ávidas, frías e incluso feas, ¿por qué siempre queremos llegar a la cima?

? PREGUNTA PODEROSA

¿Es mejor hacer lo de siempre o tener la capacidad de hacer algo distinto cada día?

IDEA ÚTIL PARA LA PERSONA

La actitud del aprendizaje continuo posibilita una preparación adaptada al cambio. No se trata de aceptar el cambio sino de desear y buscar el propio cambio.

IDEA ÚTIL PARA LA EMPRESA

Dar a las personas oportunidades de aprendizaje continuo se prepararse frente al cambio. Querer cambiar sin invertir en formación es un querer pero que le falta el poder.

EL DOCTOR «HOUSE» DE LOS DIRECTIVOS PRECAVIDOS

En estas publicaciones de síndromes psicológicos en la empresa vamos a abordar todos aquellos que suelen aparecer en la interacción humana dentro de una organización. El concepto de síndrome se refiere a un conjunto sistemático que concurre al mismo tiempo y forma y que conforma un cuadro psicológico. A diferencia de los síndromes médicos, en los psicológicos por su naturaleza plurietiológica nos centramos más en las soluciones que en los problemas. No se trata tanto de por qué surge un síndrome (suelen ser concausas y multitud de variables) sino en cómo debemos vivir dichos síndromes. Por tanto, estos capítulos van a describir situaciones psicológicas y a pautar una serie de conductas para poder convivir con dichas situaciones. No se trata de curar, explicar o tratar sino más bien de ser conscientes para adaptarse a la situación. Como dicen los viejos adagios castellanos: «*No hay mal que por bien no venga*».

El síndrome «House» genera directivos precavidos, recelosos que siempre piensan lo contrario a lo que dicen los empleados y que caen en un estado de continua autojustificación de su quehacer por las actitudes de los empleados.

El capital confianza es el único que no vamos a pedirlo al banco y, por tanto, accesible en época de crisis. No podemos pensar en una salida empresarial en este

MOMENTO SIN INVERTIR EN LA CONFIANZA DE LAS PERSONAS
QUE COMPONEN NUESTRA EMPRESA.

RESPETAR LO QUE DICEN LOS DEMÁS INDEPENDIENTEMENTE
DEL CONTENIDO ES UNA CONDUCTA QUE GENERA CONFIANZA.

LA CONFIANZA SE ACRECIENTA CUANDO LAS PERSONAS HABLAN
DE SUS ERRORES CON LA NATURALIDAD DEL APRENDIZAJE.

Podemos definir este síndrome como la sobrevaloración de la falsedad de las personas en las empresas, a través de este cuadro un directivo considera que todos o la mayoría de los empleados están exagerando o mienten. Al igual que los argumentos que reiterativamente menciona el actor Hugh Laurie en su papel como Dr. Gregory House en la famosa serie con dicho nombre, nos encontramos muchos directivos que piensan que los empleados les engañan. Más en estos momentos de crisis, cuando la mente conspiranoire piensa en causas esotéricas de nuestras desgracias y vergüenzas empresariales. La visión de que el empleado nos engaña en su trabajo por los cambios en las condiciones laborales se basa en el aforismo que me expresó un día un famoso sindicalista madrileño:» *Yo no sé si me engañan en el salario, pero lo que sé, ciertamente, es que no me engañan en lo que trabajo*». Esta distorsión de la percepción como pasa en House o en su ideal literario que es la figura redicha de un Sherlock Holmes, no sirve para generar confianza. El capital confianza es el único que no vamos a pedirlo al banco y, por tanto, accesible en época de crisis. No podemos pensar en una salida empresarial en este momento sin invertir en la confianza de las personas que componen nuestra empresa. No nos pase como dice Ernesto Sábato: «*La vida es tan corta y el oficio de vivir tan difícil, que cuando uno empieza a aprenderlo ya hay que morirse*», esperemos no ser un veterano directivo con añoranza de su desconfianza sino un directivo que confíe en sus colaboradores.

Como observamos en el Doctor House la desconfianza como actitud no es mala, lo que es inadecuado es manifestarla como forma habitual de relación con los empleados. Desconfiar es preventivo, pero cuando se convierte en previsible generamos mentiras en nuestros interlocutores. Pensar que los empleados, en época de crisis, por temor a perder su puesto de trabajo no te dicen lo que sienten y lo que te dicen puede no ser falso, puede ser un bucle melancólico, para romper este círculo vicioso de que no te digo lo que pienso para que tú no pienses mal de mí genera una cultura del recelo. Ya lo expresaba Francis Bacon la duda es la escuela de la verdad, si no tenemos dudas iniciales (desconfianza) no podemos cimentar las certezas posteriores (confianza).

En fin, como digo yo en los *coaching* directivos: «*No puedes tener confianza si no das confianza*». El síndrome «House» genera directivos precavidos, recelosos que siempre piensan lo contrario a lo que dicen los empleados y que caen en un estado de continua autojustificación de su quehacer por las actitudes de los empleados. No se puede estar todo el día como el Doctor House con cara de cabreo, con observaciones deductivas y, ante todo, con una actitud displicente. En este momento las empresas necesitan que circule el capital confianza entre las personas y de ahí que proponga las cinco conductas que generan más confianza.

Esta conductas las recogemos del famoso libro *El factor confianza: el valor que lo cambia todo* de Stephen M.R. Cowey y Rebbeca R. Merrill, donde expresa aquellas conductas que tras un amplio estudio con directores han demostrado ser más eficaces para conseguir la confianza de sus colaboradores. Las conductas son:

1. **Hablar claro**. Para confiar hay que saber que queremos para que los otros sepan nuestras expectativas, preferencias, creencias y conductas que valoramos. La necesidad de la claridad en momentos turbulentos es mayor por el impacto que produce lo ambiguo. Goethe en sus pen-

samientos sintéticamente nos decía: »*Actuar es fácil, pensar es difícil, actuar según se piensa es aún más difícil*». Hay que pensar que para confiar debemos ser creíbles y aunque eso signifique decir la verdad de los detalles, como me decía mi abuelo, cuando volvía de pescar y exageraba mis hazañas, él simplemente al ver el lio del sedal de la caña de pescar me indicaba que los detalles me delataban. Una verdad necesita de un discurso claro y de no perderse en detalles innecesarios. No son momentos para la ironía, las dobles intenciones y las falsas expectativas, sino de expresar la verdad como expresa el refrán castellano. «*Unos no hablan de lo que piensan y otros no piensan lo que hablan*».

Es momento de la coherencia entre lo que digo y lo que hago. La coherencia personal habla por sí misma y genera confianza. Confiar no se gana por decirlo sino por expresarlo en todas las conductas que hacemos. Hablar claro es una actitud a loar en un entorno de turbias facetas, pero siempre que no caigamos en la «actitud sincericida» del Doctor House. Cuando alguien se pasa de sincero genera desconfianza. La falta de dosis de tu sinceridad conlleva a pensar sobre la falsedad de tu actitud. Las poses sinceras de político en campaña electoral implican desconfianza igualmente que el desbordamiento de sinceridad inapropiada al nivel del conocimiento del interlocutor. Pues lo expresaba con agudeza RabinDranat Tagore: «*Ese que habla tanto está completamente hueco, ya sabes que el cántaro vacío es el que más suena*». En fin, hablemos claro pero no seamos un Doctor House cuando desconfiamos ni cuando nos den ataques incontrolados de sinceridad, porque el mismo Tagore nos decía: «*que es fácil hablar claro cuando no va a decirse la verdad*».

2. **Demostrar respeto**. No hay nada que más comunique que respetar las opiniones y alocuciones de nuestros interlocutores. La confianza se genera escuchando más que hablando, volviendo al mejor libro de management histórico, es decir, el refranero nos dice: «*Escucha ciento veces, pondera mil veces, habla una vez*». Cuando escucho este refrán creo que lo leyó aquél psicólogo americano Carl R. Rogers cuando nos indicaba la necesidad de escuchar activamente y demostrar respeto por lo que dicen los demás, que yo lo comparo al término ponderar de nuestro refrán. Ponderar implica que te influye lo que te dice, aunque te influya para saber que no te debe influir. Demostrar respeto implica aceptar que tú puedas cambiar de opinión fruto de la interacción con tu interlocutor. Y esta actitud genera confianza per sé, y más que mil manifestaciones a bombo y platillos de que eres un tío confiado. No digas que eres confiado sino ser confiado escuchando al otro con respeto. En el mundo de la tertulia la falta de respeto genera desconfianza en sus opiniones. Pensar lo que ya se pensaba y que nadie te pueda hacer cambiar de opinión genera un clima de desconfianza en el contenido de lo que dices. Respetar lo que dicen los demás independientemente del contenido es una conducta que genera confianza.

3. **Crear transparencia**. La transparencia no significa contar a cualquier todos los secretos de tu vida. Como decía el director de cine Billy Wilder: «*Mostrar todo nos hace perder lo erótico del descubrimiento*». Ser transparente no significa que no se nota el cristal a través del que se ve. La persona es el cristal que introduce su versión original a la película del acontecimiento pero siendo transparente sobre lo que se piensa. Lo que se piensa sobre algo no su historia erótico-festiva asociada a cualquier hecho cotidiano. No se trata de contar tu vida como muestra de transparencia, sino expresar lo que se siente, piensa

y me emociona frente a una situación. La transparencia es una actitud y no una habilidad, no se trabaja para tener transparencia sino que se es transparente. Esto implica un cambio personal de aceptar que decir lo que se piensa sirve más que esperar que lo averigüe el interlocutor. En muchas ocasiones, asistimos al juego de las transparencias ya que tú, como me dices lo que piensas y sientes, yo puedo decir otras cosas para que no sepas lo que pienso y siento. Yo llamo a esta situación con el nombre de «juego jesuita» pues como decía San Ignacio de Loyola en su libro autobiográfico: «*negociar es decir lo contrario a lo que se piensa, para que el otro piense que le estás engañando y afirme lo que verdaderamente tu piensas sobre el tema*». Este juego es peligroso, a veces lo he visto en negociaciones colectivas con sindicatos, ir de «House» para negociar te genera un enorme problema a medio plazo. Los acuerdos basados en falsas expectativas son de corto recorrido.

4. **Corregir errores**. El error es la gran fuente para generar confianza. La confianza se acrecienta cuando las personas hablan de sus errores con la naturalidad del aprendizaje. Aprender del error propio es una conducta que da confianza no sólo por su humanidad sino por su valentía personal. El monstruo de los egos grandilocuentes y el paraíso de los perfectos irritables son personajes que habitualmente asesinan la confianza. El Doctor House tiene un ego como el gigante de *Big Fish* de Tim Burton, que por grande que sea el árbol siempre destaca por encima. El error razonado y aprendido es la base de la innovación pragmática en una empresa, pero ante todo es una conducta directiva que genera un enorme valor confianza. El debate constructivo sobre los errores propios y ajenos genera un caldo de cultivo apropiado para dotar de confianza a los interlocutores. Obama como gigante comunicativo actual suele utilizar el error

propio comentándolo como una argucia de su brillante oratoria. Reconocer un error, plantear su aprendizaje y afrontar un plan de cambio futuro comunica sinceridad, ponderación y sobre todo confianza en ti mismo. Y como bien dice Stephen M.R. Covey y Rebbeca R. Merrill la confianza empieza por tener confianza en ti mismo, y está se manifiesta en su grandeza cuando se acepta y se aprende del error propio.

5. **Mostrar lealtad.** La sinceridad implica lealtad entre los interlocutores. No vale hablar e intercambiar confianza si a la menor ocasión hablo con un tercero en contra de esta confianza. Ser leal a una relación de confianza implica respetar los acuerdos a los que se llega y los pactos mentales que acordamos en nuestra comunicación diaria. El cotilleo externo es un mal habitual que genera desconfianza. Comentar interioridades de una relación interactiva del directivo con el colaborador posibilita ocasiones para defraudar. Las opiniones se distorsionan, los mails se recopian, los twitters se malinterpretan. Ser leal es no decir a nadie algo que el otro interlocutor puede pensar que es inadecuado. Algunos directivos como el Doctor House tienen el gen del cotilleo, los límites entre la información y el cotilleo están en la lealtad mutua, y las conductas leales se expresan en los pequeños detalles de confidencialidad en la comunicación. Ser leal para ser confiable pero con el objetivo de creer que una persona es un fin en sí mismo y nunca un medio.

En fin, el querido Doctor House nos sirve como figura para explicitar la necesidad del factor confianza en los directivos actuales. Que está bien que seamos desconfiados y con dudas en un principio, pero que el entorno aciago nos lleva a crear confianza si queremos superar y crear competitividad. Y la confianza necesita de conductas observables: hablar claro, demostrar respeto, ser transparentes, corregir errores y sobre todo ser leales. ¿Para cuándo podremos confiar en un político...? Cuando las ranas tengan pelo.

PREGUNTA PODEROSA
¿Qué es mejor la actitud de un líder que lo sabe todo y de todo, o la del líder que acepta sin error y demuestra que está aprendiendo?

IDEA ÚTIL PARA LA PERSONA
Trabaja tu humildad de aprendiz continuo más que construir aureolas ficticias de sabidurías para justificar con argumento tu actitud de liderazgo. Más líder que aprende que iluso líder sabelotodo.

IDEA ÚTIL PARA LA EMPRESA
Evitar crear situaciones de enaltecimiento del liderazgo personal y justificativo del valor del líder. Y mostrar a los empleados el lado más normal de sus líderes con énfasis en su capacidad de crecer frente a sus propios errores.

EL SÍNDROME DE NICOLÁS: NO HAY EDAD PARA INNOVAR O EMPRENDER

«El Síndrome de Nicolás Tesla se plantea a aquellos profesionales que tienen una ineludible actitud innovadora independientemente de la edad e igualmente la voluntad de meterse en proyectos novedosos de enorme valor emprendedor.»

Javier Cantera, Presidente de Grupo BLC.

EL ÍMPETU DEL JOVEN TALENTO COMBINÁNDOSE CON EL SABER HACER DEL SÉNIOR GENERA INNOVACIONES Y PROYECTOS EMPRENDEDORES MÁS RICOS POR LA DIVERSIDAD DE PENSAMIENTO Y FORMAS DE HACER.

SOLAMENTE AQUEL QUE CONSTRUYE EL FUTURO TIENE DERECHO A JUZGAR EL PASADO, ES DECIR, LAS EXPERIENCIAS SOLO SE CONJUGAN CON EL FUTURO Y NO SE REFLEXIONAN DESDE EL PASADO.

La figura de Nicolás Tesla destaca por su prodigiosa capacidad de innovación y la fantástica venta de sus ingenios. Pero, como un genio con fortuna desigual, siempre destacó la voluntad firme de estar en posición innovadora independientemente de la edad. El Síndrome de Nicolás Tesla se plantea a aquellos profesionales que tienen una ineludible actitud innovadora independientemente de la edad e igualmente la voluntad de meterse en proyectos novedosos de enorme valor emprendedor. Creo que tenemos que luchar frente al estereotipo del joven emprendedor ó del innovador imberbe de «gafapasta». Debemos huir de ideas preestablecidas en estos momentos que necesitamos de la osadía de la innovación y de la fuerza de la experiencia. El talento sénior innovador o con afán de ser emprendedor es un gran valor social. Las empresas deben buscar talento sénior que se plantee con una actitud innovadora emprender nuevas aventuras empresariales.

Como decía el gran filósofo Henry David Thoreau: «Lo que una persona piensa de sí misma es lo que determina o indica su destino», lo importante es la opinión y autoconcepto del talento sénior para saber ¿Qué quieren ser de mayor? Esta es la pregunta poderosa de todas las personas, nadie puede evitar pensar que será dentro de 5 días, 5 meses o 5 años (5 x 5 x 5) es una reflexión vital para un buen *coaching*. Ser sénior no implica no tener futuro, sino tener más presente. Ser sénior no significa tener un vasto pasado, sino un espléndido presente. Pero basta ya de filosofías y vamos a cinco consejos prácticos para aprovechar el talento sénior en su versión más innovadora y con mayor afán emprendedor:

1. **Hibridar experiencias para crear innovación diversa.** La diversidad generacional es una gran oportunidad empresarial. La convivencia multigeneracional por el alargamiento de la vida laboral debe generar nuevas formas de gestionar personas. No podemos plantear políticas comunes al talento junior que busca desarrollo, al talento consolidado que busca compensación y al talento sénior que busca tiempo. Políticas diferenciales focalizadas en generar «hibridación de experiencias» para crear grupos de innovación con talentos de diferentes generaciones. El ímpetu del joven talento combinándose con el saber hacer del sénior genera innovaciones y proyec-

tos emprendedores más ricos por la diversidad de pensamiento y formas de hacer. Me encanta cuando pongo en marcha grupos de innovación mezclar experiencias y generar diversidad de enfoques no sólo en conocimiento sino fundamentalmente en trayectos profesionales. Como decía este dicho sahariano, «El águila puede controlar todo desde el cielo, pero la serpiente se revuelve rápido y su mordedura puede ser mortal». En la experiencia diversa está la riqueza de las soluciones diferentes. La experiencia vivida como fuente no como justificación de su saber es la actitud del sénior e igualmente el joven innovador debe valorar las aportaciones per se e independientemente de la edad del que lo emite. Pues como dice el Dalai Lama: «Se inteligentemente egoísta», nadie ha aportado desde la infravaloración de sus ideas sino desde el interés de su ego de destacar por sus ideas. La mixtificación experiencial es la base de la utilización de las ideas y experiencias en soluciones ricas por su diversidad de percepción, razonamiento y soluciones.

2. **Potenciar el rol del mentor sénior.** El mentoring es una gran solución de aprendizaje informal e internalizado como proceso empresarial. Su principal valor es que el directivo asuma la función de desarrollo de personas y además que el valor de la experiencia se modula con el rol de maestro que se asume al ser mentor. Un proceso de mentores supone una transmisión de experiencias razonadas para apoyar el desarrollo del talento de los más jóvenes. Rol del mentor es fundamental para conseguir que la experiencia no se viva como «historias anecdóticas» sino como fuente de aprendizaje. Nietzsche decía:» Vuestro honor no lo constituirá vuestro origen, sino vuestro fin», poner un fin a la experiencia le dota de más valor. El aprendizaje en cabeza ajena es un gran valor organizacional, en vez de repetir errores habituales más vale experimentar nuevos errores y tener más

tiempo para cometer estos nuevos errores. Una gran fuente de innovación es el aprendizaje de los errores históricos empresariales, no para quitar la fuerza del cambio sino para poner otros focos de crecimiento personal. Ser mentor es una gran oportunidad de innovación para los séniores y valorizar su aportación en su saber histórico pero con una actitud de ser mejor. Cuando doy un seminario a mentores insisto en el filosofía japonesa Wabi-Sabi que define el arte de lo imperfecto, lo que es incompleto e irregular hay belleza y vida, porque contiene el anhelo de la naturaleza de perfeccionarse a sí misma. La experiencia no es valiosa sino la perfeccionamos en los nuevos retos que necesitamos innovar. Tener Mentores séniores para obtener soluciones innovadoras e impulsar nuevos proyectos emprendedores es una gran apuesta de recursos humanos.

3. **Figura de séniores** *freelance.* El mercado laboral es insolente con las oportunidades contractuales para los profesionales veteranos. Cumplir años no es un signo de la caducidad de un saber o del valor de una experiencia, sino que se ha convertido en un estereotipo de lo clásico y lo caduco. Como Nicolás Tesla un inventor veterano es mejor porque sabe utilizar su experiencia con la actitud innovadora continua. Cuando el mercado laboral es injusto por la edad debemos apostar por nuevas figuras de trabajo. Los séniores freelances que como autónomos o interim pueden apoyar a las empresas a innovar, a cambiar y como no a emprender nuevas ideas con experiencias diferentes a la empresa. Captar y reclutar el talento sénior que viene de otras experiencias distintas es básico a una empresa para innovar y emprender. Tener experiencias en nuevos proyectos es básico siempre que se le contrate para cambiar, de ahí la figura de los séniores *freelance.* El propio Buda nos decía: «El que no sabe a qué cosas atender y de cuáles hacer caso omiso, atiende a lo

que no tiene importancia y hace caso omiso de lo esencial», es decir, séniores que sepan donde atender pero con la misión de innovar lo que habitualmente hacen las empresas.

4. **Séniores *Open Innovation*.** La metodología de Open Innovation supone un salto cualitativo al considerar que la innovación se puede buscar fuera de la empresa. Para que, posteriormente, se internalice con su arraigo cultural y coherencia estratégica, tener una visión Open Innovation genera ideas externas que necesitan de la fuerza empresarial interna para salir adelante. Tener una visión de Séniores Open Innovation supone poner a pensar externamente a talentos séniores en problemáticas innovadoras para tu propia empresa. Volviendo a Nietzshe decía:» Solamente aquel que construye el futuro tiene derecho a juzgar el pasado», es decir, las experiencias solo se conjugan con el futuro y no se reflexionan desde el pasado. Los grupos de innovación de talento séniores que trabajan para el lanzamiento de nuevos negocios o implantación de nuevas innovaciones en las empresas es una gran oferta de futuro. La disponibilidad del conocimiento y la experiencia sin obligaciones contractuales que dan miedo escénico a la empresas actuales, es un gran avance para aportar ideas y construir futuro dentro de una estrategia empresarial.

5. **Y porque no Séniores Becarios.** Hay mucho talento sénior que aporta mucho cuando se contextúan en la nueva mitología tecnológica empresarial. El aprendizaje de la religión «internet» no supone más que un entrenamiento y una apertura de actitud vital. Los procesos de «reverse mentoring», es decir, jóvenes expertos en redes sociales que se convierten en mentores del talento sénior ha sido un éxito y los séniores aprenden a contextualizar sus experiencias en el nuevo entorno.

¿Por qué no? Yo me apunto a ser un Sénior Becario de nuevas áreas y materias donde pueda poner en valor mi experiencia con un nuevo contexto de conocimiento. Mi gran amado Leonardo Da Vinci siempre quería aprender, y a los cincuenta años empezó a estudiar un nuevo idioma, y simplemente decía que saber algo nuevo valora lo que ya sabía. Esta actitud de ser sénior becario supone una garantía de querer innovar, ya que al salir de la zona de confort de tu experiencia pasada y crecer al aprender pero valiéndote del saber hace y del saber anterior. Pues Bertrand Russell, otro gran innovador que con más de ochenta años creaba nuevas ideas sobre la paz mundial tan lejana de su experiencia lógica matemática, nos decía que: «La resistencia a las nuevas ideas es proporcional al cuadrado de su importancia». Cambiar desde la experiencia tiene más valor por la cantidad de ideas previas que hay que borrar. Desaprender es más fácil si relativizas tu saber y te abres a las nuevas ideas como entorno básico para crecer tu saber.

En fin, hay que utilizar el talento sénior para la innovación integral en la empresa y es muy útil tener experiencias previas para emprender con éxito. Estamos de acuerdo que las nuevas tecnología están cambiando la cosmovisión del éxito empresarial, pero las personas que lo consume son las que tienen experiencias similares a nuestros séniores. Pero para utilizar el talento sénior necesitamos su apertura mental, su generosidad laboral y, ante todo, una ruptura con el mundo de las relaciones laborales que han conocido históricamente. Tener grupos innovadores con séniores, mentores mayores, *freelances* con experiencia, opone innovation con grupos séniores y becarios con canas y calvas es un futuro venturoso y no una utopía inalcanzable. Humildad en el sénior y honestidad en las empresas para aceptar que estamos en un cambio de paradigma. Y, para acabar, con un dicho palentino: «más sabe el diablo por viejo que por diablo», pero siempre que se adapte a hacer diabluras virtuales. Yo ya me siento un emigrante digital como sería Nicolás Tesla si hubiese tenido que vivir este momento de cambio. Me niego a no tener una huella digital como cualquier frikie que se guarda en su Facebook, se expresa en su twitter y se promociona en su Linkedin. Qué mejor diablura que ser un sénior virtual.

PREGUNTA PODEROSA
¿El talento tiene fecha de caducidad por la edad o más bien tenemos el estereotipo que las conductas innovadoras con más propias de jóvenes que de séniores?

IDEA ÚTIL PARA LA PERSONA
La mezcla de tener experiencia y la capacidad de aprender todos los días es fundamental para ser un talento sénior. Aceptar que hay que aprender todos los días desde el saber que la experiencia ha depositado en tu historial profesional.

IDEA ÚTIL PARA LA EMPRESA
Aprovechar la experiencia del sénior con el ímpetu del joven es una apuesta más inteligente y pragmática de la innovación. La diversidad intergeneracional es una configuración más real que grumos homogéneos de jóvenes innovadores y séniores ejecutores.

EL *SÍNDROME DE GREY*: LA EMOCIÓN DEL CONTROL

EL CONTROL GENERA TRANQUILIDAD PARA EL QUE CONTROLA Y PARA EL QUE ES CONTROLADO Y DAR CONFIANZA IMPLICA RELAJAR EL CONTROL Y BUSCAR LOS RESULTADOS.

LAS PERSONAS QUE RECIBEN TU CONFIANZA COMO LÍDER, ADEMÁS DE CUMPLIR CON SU TRABAJO, TIENEN EL RETO DE SER DIGNOS DE SU CONFIANZA.

MÁS QUE BUSCAR EL EROTISMO DE LA OBEDIENCIA COMO VEMOS EN 50 SOMBRAS DE GREY HABRÁ QUE ENCONTRAR LA CONFIANZA DEL COMPROMISO MUTUO.

Hay libros y películas de cultura popular, como *50 sombras de Grey*, que nos posibilitan explicar conductas humanas más fácilmente. Sin valorar el erotismo para ursulinas de la película, hay una interesante reflexión sobre lo emocional que es el control. De ahí mi denominación del síndrome de Grey al que sufren los directivos que no saben dirigir sin controlar y de la seguridad del que aporta a los colaboradores saber que lo que le valora su directivo es fundamentalmente su aceptación del control.

LA AUTOSATISFACCIÓN DEL QUE CONTROLA Y LA PREVISIBILIDAD DEL QUE ES CONTROLADO

El control favorece la autosuficiencia del directivo y el embrutecimiento del colaborador que sólo tiene que ser mandado. En muchas ocasiones, creemos que los empleados quieren el empowerment y los directivos favorecen la autonomía de estos, pero la verdad es que cuesta el cambio, porque el control se siente como poder por el directivo por los colaboradores como comodidad de hacer sin pensar.

El debate del control es psicológico más que de gestión de la productividad ¿Dominarme porque ya se lo que tengo que hacer?, y por otra parte ¿Qué importante soy por el control que ejerzo sobre mis empleados? Vamos a desbrozar estas conductas humanas, que tituladas como síndrome de Grey, tanto influyen en la nueva concepción del trabajo. Muchas técnicas actuales de smart working, nueva visión de workplace, modelo cultural basado en empowerment, nuevas técnicas de *engagement* se basan en cómo superar el debate del control. En una consultoría que hice hace poco, tras aceptar la productividad de una organización introduciendo smart working, al final la pega de los jefes simplemente era: ¿Cómo les voy a dirigir sin no están presentes? ¿Habrá que poner una cámara en la casa del teletrabajador? Como siempre el problema no es de la tecnología si no de la evolución mental de las personas. Lo que posibilita la tecnología lo impide la mentalidad de los directivos.

Entonces, ¿cuáles son las conductas que debemos combatir para aceptar el cambio?

1. Concepción del tiempo de trabajo

¿Qué sentido tiene un horario estricto? No nos posibilita la tecnología que no hay dos fronteras en el tiempo de trabajo. A la mayoría de los trabajadores del conocimiento les pedimos que estén implicados y eso conlleva una disponibilidad más allá de su horario. Y, en cambio, somos reacios a que no cumplan su tiempo oficial de trabajo. La tecnificación del trabajo implica dedicación intelectual y no personas que justifiquen su trabajo con su presencia.

El presencialismo responde a una época de trabajo físico con dedicación. Hoy día, el trabajo es Sfumato, no se sabe cuándo se está trabajando y cuándo se está sin trabajar. Igual que aquel personaje de Moliere que hablaba en prosa, sin saberlo, muchos trabajadores están trabajando sin saberlo. La productividad está asociada cada vez más a resultados sin valorar el tiempo que ha necesitado para conseguirlo. La facilidad de medir el tiempo para compensar el trabajo no responde a unas necesidades como las actuales, donde trabajar no es sólo hacer sino también conseguir. Estar trabajando no es exclusivo de un tiempo e igualmente que decir que en el tiempo de ocio no se puede trabajar. Tener un concepto lineal y secuencial del tiempo choca con una visión cíclica y continua de considerar el tiempo como un proceso. Ahora sí, tenemos que luchar con el prejuicio de considerar que trabajar implica dedicación más que capacidad de solucionar.

Albert Einstein ya nos decía: «Es más fácil desintegrar un átomo que una idea preconcebida» pero, ¿por qué es tan difícil luchar con esta conciencia de la dedicación como lo mejor del trabajo? Principalmente porque el tiempo se puede controlar, y al ser el principal bien a distribuir se puede ejercer el poder de dar o quitar tiempo. Y por otra parte, el tiempo se puede limitar, por tanto, mis aportaciones están controladas en un tiempo. Al final, una nueva concepción del tiempo pasa por asumir la imposibilidad de controlar el trabajo intelectual con dedicación. Ya que el propio Albert Einstein, que nos aportó la visión relativa del tiempo cuando nos manifestó que «todos somos unos genios. Pero si juzgan a un pez por su habilidad de escalar un árbol, vivirá su vida entera creyendo que es estúpido».

No es mejor trabajador quien más dedicación tiene, sino quien consigue mejores resultados sin tener en cuenta su dedicación. Pero como apreciaba Josph Conrad: «El hombre siempre se cree muy modero en su época», todo el mundo se cree que sabe ser moderno, pero seguimos trabajando con tiempos «estanco» de trabajo y ocio. La multitarea entre el trabajo y ocio es una realidad frente a las secuencias con reloj entre la oficina y el resto. Por tanto, el tiempo nos da control y los resultados (que son controlables) no depende tanto de las benevolencias directivas. Oscar Wilde ya lo dijo: «Lo puedo resistir todo menos la tentación». Controlar el tiempo es una tentación directiva.

2. Confianza para tener *engagement*

Las palabras todo lo pueden. Multitud de directivos hablan de confianza y piden obsesivamente el compromiso de los empleados. Pedir confianza sin dar y exigir *engagement* sin estar ellos mismos comprometidos son falacias directivas. ¿Por qué la confianza y el compromiso necesitan de poco control? El control genera tranquilidad para el que controla y para el que es controlado y dar confianza implica relajar el control y buscar los resultados. Las nuevas concepciones del trabajo se basan en la autoeficacia, el empowerment y el autoconcepto personal, en este sentido, el control pierde su atractivo como explicación de ser jefe.

Ser jefe es pasar de mirar el reloj a decir a los empleados: ¿qué necesitas? Steve Jobs decía: «No dejes que el ruido de las opiniones de otros apague tu propia voz interior». Tu confianza en las personas se da, se cultiva, se riega y luego se cosechan los resultados. Más que controlar el crecimiento de las plantas hay que preocuparse de qué necesitan para que produzcan una buena cosecha. Porque las personas que reciben tu confianza como líder, además de cumplir con su trabajo, tienen el reto de ser dignos de su confianza. Este condicionamiento psicológico permite que el control más que físico pase a ser psicológico, porque cualquier empleado te dirá lo que decía Robert L. Stevenson: «Tarde o temprano todo el mundo se enfrenta a las consecuencias de sus actos».

La confianza es el anclaje fundamental para pasar de controlar a comprometer, de mandar a sugerir y, en fin, de dirigir a liderar. Unos colaboradores con *engagement* no necesitan del control externo porque tienen un alto nivel de exigencia de control interno y, por tanto, la confianza se demuestra en las ausencias del control y en la insistencia por apoyar a las personas. Confiar implica conductas de confianza, no hablar sino hacer cada día un entorno con más confianza.

3. ¿Dime que hago o hago lo que digo?

Más bien hay que hacer lo que se dice, más que esperar que un directivo te diga lo que tienes que hacer. Hay que esperar que el origen de tu acción esté internamente en ti y no en las órdenes de los líderes. El control de dar órdenes no correlaciona con la confianza de esperar resultados. Tenemos que pasar a un escenario de hacer los que se dice, de tener transparencia con las personas para pedir autenticidad. Lo malo no es decir no, sino decir sí y hacer el no. Como decía Uptón Sinclair: «*¡Es difícil hacer que un hombre entienda algo cuando su sueldo depende de que no lo entienda!*». Si pagamos dedicación, prestancia y presencia no podemos pedir que nos den resultados. Yo me acuerdo de aquel vendedor de Schweppes que me decía como Director de Recursos Humanos: «Si encima de las horas de trabajo me tenéis que pagar los resultados ya me podéis dar un buen variable».

El concepto de que el salario fijo cubre el tiempo y la dedicación independientemente de los resultados es una falacia del s. XX. No hay trabajo sin resultados y, por tanto, la dedicación sin resultado no es compensable más allá de un mínimo, e igual que una escasa dedicación pero con buenos resultados necesita de una adecuada compensación. Compensamos resultados y no tiempo de trabajo. Esperar que alguien te diga lo que tienes que hacer es estar encadenado a un jefe que ordena. El líder pone el contexto del trabajo, sus recursos, sus objetivos a conseguir y aporta su disposición al colaborador para cualquier eventualidad.

A muchos directivos les cuesta ser un facilitador del desarrollo de sus colaboradores y se cargan del micromanagement en multitud de tareas, más que generar un proceso de delegación hacia arriba en los colaboradores. Hay que empezar a dejar de decir al colaborador lo que tiene que hacer sino simplemente decirle sus medios, sus objetivos y el apoyo que le puedes ofrecer. No seamos como Hommer Simpson que aconseja a su hijo Bart: «Hijo mío, recuerda que intentarlo es el primer paso hacia el fracaso». Ser un líder auténtico que acepte los errores, que sea cercano y que apoye que las personas hagan lo que dicen es un verdadero cambio en la forma de trabajar. Pero este gran reto del liderazgo es nuestra verdadera asignatura actual y Ralph Waldo Emerson lo expresaba con esta frase: «Los retos hacen que la vida sea interesante. Superarlos es lo que hace que la vida tenga sentido». Hacer lo que se dice es una máxima de liderazgo, pero también de cualquier trabajador del conocimiento sin esperar que alguien le diga lo que ha de hacer.

3. Y, por último, el cambio continúo para ser profesional

Para aceptar los nuevos tipos de trabajo además de cambiar la visión del tiempo, de la confianza y del liderazgo, tenemos que admitir que el cambio es nuestro hacer. No sólo pedir que cambie el colaborador, que a mí me da la risa. El cambio es continuo, multidireccional e interrelacionado en la dirección de equipos. El líder auténtico, que da confianza y que no mira sólo la dedicación, debe estar pensando en su cambio personal. Cambiar en entorno de continuos saltos disruptivos tecnológicos y constantes cambios de mercados se postula como una necesidad. Pensar en hacer cosas gradualmente, con planificación, con previsiones y controlando todo con cifras es engañarse en tu propia solicitud.

Multitud de planes y presupuestos son más caros para autoengañarse o engañar a diversos comités. Lo importante de tener un plan está en que es posible cambiarlo, lo interesante de tener un criterio es tenerlo hasta que lo cambiemos. En la teoría de la evolución hablamos de epigenética, de la capacidad de cambiar nuestro destino genético. Es decir, basar la propia herencia cambia por factores exógenos y endógenos de los seres que evolucionan. De nuevo nos ilumina Albert Einstein cuando nos dice: «La mente intuitiva es un regalo sagrado y la mente racional es un fiel sirviente. Hemos creado una sociedad que honra al sirviente y ha olvidado el regalo».

Aceptar que cambiar es competitivo es una lucha continua en directivos instalados en su plataforma de prejuicios y expectativas que su experiencia les ha dado. No hay mejor experiencia que aquella que relativiza el valor de la misma experiencia.

En fin, el interés por el Síndrome de Grey es el valor que todavía damos al control como explicativo de nuestra forma de ser. Un jefe que no pueda pedir esfuerzo de tiempo sino sólo tener a la gente en su presencia, ser el «ojo de su amo» y mantener la tensión de ser él quien domina, parece que es menos jefe. Pero todos sabemos que el verdadero jefe no te pide sino que te pregunta, no te exige sino que confía, no te impone sino que tú le sugieres, al final, es pasar de un trabajo dirigido desde la inteligencia del jefe a la fuerza del colaborador a un trabajo desarrollado desde la inteligencia del colaborador en convivencia con la inteligencia del directivo. Más que buscar el erotismo de la obediencia como vemos en *50 Sombras de Grey* habrá que encontrar la confianza del compromiso mutuo.

Y, para terminar, un gran científico como Santiago Ramón y Cajal que en unas reflexiones colaterales daba estos dos consejos muy útiles para estos directivos que siguen imbuidos en la filosofía del control y que yo suelo utilizar mucho. El primero: «Lo peor no es cometer un error sino tratar de justificarlo». Y el segundo y todavía más categórico: «Como hay talentos por el estudio, hay fracasos por desuso». ¡Cuántos empleados controlados por tiempo están justificando errores y cayendo en desuso! Cambiar el control por el compromiso se empieza por confiar. Pues yo ya confío en tu cambio... seguro.

？ PREGUNTA PODEROSA
¿Qué es más operativo un control abierto por la confianza o un control cerrado y seguro pero basado en la desconfianza hacia las personas que trabajan?

◯ IDEA ÚTIL PARA LA PERSONA
La confianza es un capital personal e intransferible que necesita de asumir que el control es necesario para comunicarme entre las personas. Pero también sabe que el control sin confianza le produce la insatisfacción de hacer las cosas por tener que hacerlas más que por querer hacerlas.

◯ IDEA ÚTIL PARA LA EMPRESA
La necesidad de un control organizado de la realidad del trabajo no está reñido con mostrar confianza en las personas. Saber para apoyar no es lo mismo que controlar para saber.

EL SÍNDROME FERNANDO ALONSO: EL ARTE DE ELEGIR EMPRESA Y EQUIPO

TAN MALA ES LA PRECIPITACIÓN DE UNA DECISIÓN NO VALO-
RADA COMO LA AUSENCIA ELECTIVA POR LA BÚSQUEDA DE UNA
ARCADIA DE EMPLEO.

LA REALIDAD ES TOZUDA Y LAS OPORTUNIDADES SON LIMI-
TADAS, POR TANTO, EL QUERER SER Y MI TALENTO DEBEN
ENCONTRAR EL MEJOR ECOSISTEMA DEL ENTORNO PARA
PRECIPITARSE.

LO BÁSICO PARA EXPERIMENTAR ES CUESTIONARSE LA REALI-
DAD A TRAVÉS DE PREGUNTAS. ANALIZAR TODAS LAS OPINIO-
NES PARA TOMAR UNA BUENA DECISIÓN CONLLEVA UNA SISTE-
MÁTICA DE PREGUNTAS. LA REALIDAD TE DA RESPUESTAS SI LE
HACES LAS PREGUNTAS ADECUADAS.

MOVERSE O HACERSE ILUSIONES CON UN PROYECTO DESDE LA
VISIÓN DE LAS CONDICIONES ECONÓMICAS PUEDE LLEVARNOS
A OBVIAR LO IMPORTANTE. AHORA SÍ, EL DESACUERDO ENTRE
EL NIVEL DEL RETO CON EL CONJUNTO DE LAS CONDICIONES
LABORALES CANTA POR INCOHERENCIA.

En esta época de incertidumbres verdaderas y falsas certidum-
bres es muy habitual el asesoramiento de un *coach* durante un
proceso de transición de carrera directiva. En el *outplacement*
directivo nos invade, multitud de ideas, propuestas y opciones que están rodeadas de la niebla de la duda. Aquí surge el
directivo que tiene el Síndrome de Fernando Alonso, el que

como nuestro admirado piloto, de indudable valor individual, se puede equivocar al no saber elegir una empresa y optar por un equipo.

Cuántos grandes directivos acometen errores trágicos en su transición solamente por no valorar la importancia de estas decisiones. Lo habitual es que su discurso sea perfecto: no tengo prisas, lo importante es el proyecto, no voy a coger lo primero que salga, etc., pero en la realidad el pánico le invade y le obnubila su capacidad de elección. Como decía Albert Einstein: «Si quieres entender a una persona, no escuches sus palabras, observa su comportamiento». Y son las conductas de estos directivos las que le determinan, en muchas ocasiones, que no se cuestione, con lo que la falta de perspectiva de su carrera la lleva a tomar o a no tomar una buena decisión. Porque tan mala es la precipitación de una decisión no valorada como la ausencia electiva por la búsqueda de una arcadia de empleo, porque el aserto de Occam es cierto: «Todo lo que puede ser hecho con poco, en vano se hace con mucho».

Por tanto, hay que plantearse un método para tomar decisiones en momentos de ansiedad álgida e inestabilidad personal. A manera de estructura mental, suelo recomendar tres ámbitos de reflexión:

A. Tres herramientas para mejorar la decisión.
B. Cuatro visiones para una decisión.
C. Cinco espacios para tomar una decisión.

Esta herramienta 3 + 4 + 5 suelo utilizarla con directivos en procesos de transición y su eficacia está, además de en la sencillez, en llevarles a pensar de una forma ordenada para tomar decisiones diferentes y soluciones diversas a través de tres preguntas:

1. ¿Qué quieres ser de mayor?
2. ¿Qué preguntas son básicas para tomar una decisión?
3. ¿Qué no quieres que sea tu trabajo futuro?

¿QUÉ QUIERES SER DE MAYOR?

Estas tres preguntas hacen hincapié en los tres procesos básicos de toda reflexión de carrera. En primer lugar, pregúntate que quieres ser y haz un análisis realista de lo que tienes que hacer para conseguirlo. Suelo decir que el análisis personal y profesional necesita de un reto para tener sentido. En procesos de transición, muchos asesores empiezan por un análisis minucioso de la biografía del directivo, por hacer su DAFO, pero les falta la motivación: ¿Cómo seré cuando sea mayor? Y no valen respuestas fáciles como «ser feliz». La felicidad no es un estado sino un proceso; hay que ser feliz en cada momento y en el camino en vez de buscar un precioso paraíso en nuestra jubilación. Lo importante es ponerse un reto, saber dónde queremos estar y qué queremos ser. Fernando Alonso lo tiene claro, quiere volver a ser campeón de Fórmula 1m y estoy seguro que tiene muy pensado su análisis personal y profesional. Pero esta primera pregunta, que sin duda es la primera, necesita del contraste de la realidad. La realidad es tozuda y las oportunidades son limitadas, por tanto, el querer ser y mi talento deben encontrar el mejor ecosistema del entorno para precipitarse.

¿QUÉ PREGUNTAS SON BÁSICAS PARA TOMAR UNA DECISIÓN?

De ahí la segunda pregunta: ¿Qué tengo que preguntar a la realidad para saber qué me conviene? Surge un gran déficit de los directivos: no saben preguntar. Están tan habituados a decir lo que hay que hacer que no piensan en que tienen que preguntar a la realidad. Como decía el gran filósofo Soren Kierkegaard: «La vida no es un problema que tiene que ser resuelto, sino una realidad que debe ser experimentada». Lo básico para experimentar es cuestionarse la realidad a través de pregunta, y analizar todas las opiniones para tomar una buena decisión conlleva una sistemática de preguntas. La realidad te da respuestas si le haces las preguntas adecuadas. Yo creo que hay que evitar grandes check list de preguntas como me pedía aquel ingeniero que tuve que «coachear» y que me trajo las 20 preguntas que iba a hacer en la entrevista e incluso un árbol lógico tras un sí o un no dado a las preguntas. Hay que ser sencillos y yo lo hago catalogando cada oportunidad a través de 6 preguntas:

1. ¿Por qué? El origen de la oportunidad.
2. ¿Para qué? El fin de la oportunidad.
3. ¿Qué? La descripción de la oportunidad.
4. ¿Cómo? La forma que configura la oportunidad.
5. ¿Quién? La persona que dirige/trabaja la oportunidad.
6. ¿Cuándo/Cuánto? Los tiempos y esfuerzos que requieren la oportunidad.

Pero no solamente sabiendo lo que se quiere ser y haciendo las preguntas adecuadas a la realidad tenemos todas las claves para tener una buena decisión. Hay que hacer otras reflexiones mágicas.

¿QUÉ NO QUIERES QUE SEA TU TRABAJO?

Trabajar la lista de las características que no quieres que sea tu trabajo futuro te sirve para saber qué nivel de renuncia tiene su aceptación o su rechazo. Pensar en lo que «no es» es una gran lección que nos han traído los anglosajones ya que nos lleva a pensar en contraste, pero esta habilidad no está muy desarrollada en los directivos que suelen infravalorar lo que no les gusta de una oportunidad y a sobrevalorar lo que les gusta. Nos recuerda esto a Píndaro, que nos decía: «Muchas veces lo que se calla hace más impresión que lo que se dice».

Estas tres preguntas son el principio del **método 3 + 4 + 5**. Hacerlas hace que pensemos en retos plausibles, ya que preguntar a la realidad y visualizar las líneas rojas de nuestra decisión nos permite pensar en otro nivel de decisión.

Es el momento de las cuatro visiones que debe tener siempre la toma de una decisión y de sus niveles de impacto en nuestra carrera directiva. El gran empresario Antonio Puig decía: «En la vida de un profesional hay cinco etapas: la primera es aprender a hacer, la segunda hacer, la tercera hacer de verdad, la cuarta enseñar a hacer y la quinta dejar de hacer». Para nosotros es mágico que se ubique una decisión en una carrera porque a la leyenda urbana «que hay que coger el tren que pasa» siempre se puede contra argumentar diciendo que «pero hay que coger el tren que te lleve al sitio que quieres ir».

Las cuatro visiones son muy sencillas, se trata de posicionar la decisión en cuatro ámbitos temporales:

1. **Decisión pretérita.** ¿Si te hubiesen dado esta oportunidad hace unos meses que hubiese pasado?
2. **Decisión inmediata.** ¿Si tuviese que empezar mañana que supondría en tu carrera?
3. **Decisión mediata.** ¿Cómo explicar dentro de un año tu elección de esta oportunidad?
4. **Decisión futura.** ¿En tu carrera directiva dentro de más de cinco años como se explicara esta oportunidad?

Esta visión diacrónica de una decisión es muy buena, ya que configura un análisis longitudinal y no sólo momentáneo de la decisión. Las consecuencias inmediatas no satisfacen per se la bondad de la decisión, no hay decisiones malas sino elecciones mejorables.

Ya tenemos el 3 y el 4 del **método 3 + 4 + 5** como herramientas para saber lo que queremos ser, lo que nos ofrece la realidad y lo que no queremos ser. Ahora podemos complementarlo con cuatro visiones de la decisión: desde el pasado, el presente inmediato, el presente mediato y el futuro. Pero hasta ahora hemos utilizado mucho el análisis y tenemos que pasar a la decisión. Hay que mojarse teniendo en cuenta todos los análisis previos. Y para tomar una decisión sobre qué oportunidad, empresa y equipo hay que priorizar y donde están las claves para hacer atractivo un nuevo reto de empleo hay que pensar en un determinado orden. Aquí surgen los cinco espacios para tomar una decisión, cuyo orden es importante porque el primer espacio condiciona los demás. Son los cuatro enfoques para saber el nivel de atractivo de una oferta:

1. **¿Quién es el jefe?** Hoy día lo más emocional es lo más racional. Tu jefe es el motivo de tu proyecto de empleo y todos tenemos un jefe. Cuando empecé en consultoría, ufano de mí, le dije a un viejo del lugar ¡que lo mejor que tenía la consultoría es que no tenía jefe! Esta persona de intrigante bigote me miró y me dijo: «No tienes un jefe sino muchos porque son todos nuestros queridos clientes». El jefe es el principal leit motiv de una **oportunidad**, tanto que según mi criterio si no hay insight con el jefe es mejor no seguir con la oportunidad. Pero también no es condición suficiente, sólo necesaria, porque elegir pensando en el jefe no es aceptado por todos los directivos que me dicen «que ellos le cambiaran», «que es una gran oportunidad a pesar del jefe...». Todas estas manifestaciones las he escuchado en directivos desilusionados tras volver al paro. **El jefe es la principal razón de la motivación o de la desmotivación en una oportunidad de empleo.**

2. **¿Cómo es el proyecto?** Tras analizar al jefe hay que valorar el proyecto y no la empresa. Grandes empresas de enorme marca pueden albergar un mínimo proyecto y viceversa, pequeñas empresas pueden aupar un gran proyecto. Tras cerciorarse del feeling con el jefe hay que buscar el encaje de tus valores (lo que quiere ser y lo que no quiere ser) con este proyecto. **Todo proyecto es susceptible de no salir** pero durante su ejercicio te permite

ser y desarrollarte. No olvidéis que sin proyecto no hay oportunidad. La contratación por una función o por un simple hacer no es básica para un directivo. Un directivo necesita de un proyecto que le ilusione y de un jefe que le apoye.

3. **¿Qué empresa es?** Tras el jefe y el proyecto es cuando hay que preguntarse por el qué de la empresa. Principalmente hay que ver **su cultura** y las posibilidades de éxito en ella con este proyecto y este jefe. Obnubilarse con la empresa es muy habitual en directivos ansiosos, pero siempre debemos pensar en ella en un tercer momento para que nos condicione sólo lo justo. Sí que es básico el tipo de empresa (y en algunos casos el sector) pero no determinante. Nadie puede estar seguro que en una empresa no haya malos proyectos e inadecuados jefes. Las **empresas cambian** que son una temeridad y el orgullo de pertenencia se debe alinear a los objetivos personales/profesionales de cada uno de sus talentos.

4. **¿Con qué equipo?** Tener jefe, proyecto y empresa pero no tener equipo para hacerlo es inútil. No se trata de incorporar sólo equipo nuevo sino de crear equipos mixtos (lo viejo y lo nuevo). Lo ideal es dar una oportunidad al equipo preexistente pero teniendo la capacidad de cambiarlo si no funciona. Crear equipos es fundamental para un proyecto y muchas veces se hunde una gran oportunidad por el equipo. El equipo es la gran configuración de tu éxito, equipos diversos para tener preguntas y formas de pensar distintas. El alto rendimiento correlaciona con la diversidad del equipo y el reto común. Fomentar un equipo compacto es apostar por la diversidad unida en un propósito único y en un mismo proyecto.

5. **Y, por último, lo higiénico: ¿Qué condiciones tendrás?** Para muchas personas esta es la pregunta del principio y caen en un error de perspectiva porque lo obvio les impide ver lo importante. Los dineros, estatus y condiciones son consecuencias de un **proyecto liderado por un buen jefe**, con un buen equipo y en una gran empresa. Puede ser una condición *cut-off* y si no pasa de un nivel sobra el resto, pero como es necesaria es mejor plantearla al final. Moverse o hacerse ilusiones con un proyecto desde la visión de las condiciones económicas puede llevarnos a obviar lo importante. Ahora sí, el desacuerdo entre el nivel del reto con el conjunto de las condiciones laborales canta por incoherencia.

En fin, **el método 3 herramientas + 4 visiones + 5 espacios es una metodología** fruto del sentido común que coincide con las investigaciones ulteriores descubiertas por los hermanos Chip y Dan Heath en su libro «Decídete». Tomar decisiones personales en el ámbito profesional necesita de una visión racional y emocional. No sé si hay inteligencia emocional o emociones inteligentes porque el ser humano es único y sus decisiones deben tener componentes emocionales y racionales conjuntamente. No olvidéis que como Fernando Alonso o cualquier otro mortal, hay que tener en cuenta lo que afirmaba Albert Einstein: «Somos arquitectos de nuestro propio destino», y yo puntualizo que somos los arquitectos, los carpinteros y los vendedores de nuestro destino, que sólo necesita de tu pasión para pasar de ser un destino a ser tu destino.

No hay mejor destino que el que tú te haces y si tu destino cambia...vuelve a preguntar a tu realidad.

? PREGUNTA PODEROSA

¿Qué es mejor elegir tu opción de trabajo donde hacerme las preguntas adecuadas previamente o elegir con corazón y luego hacerme las preguntas a posteriori?

♀ IDEA ÚTIL PARA LA PERSONA

Hay que dedicar tiempo y pensamiento a decisiones de cambio de empresa y/o orientación en tu carrera. Más vale un asesoramiento a tiempo que una ayuda posterior de un coach por tu mala elección.

♀ IDEA ÚTIL PARA LA EMPRESA

La empresa debe apoyar y facilitar asesoramiento para las decisiones personales de cambio profesionales. No demos crear situaciones que provoque decisiones precipitadas y sin tener en cuenta las correcciones futuras de tus decisiones actuales.

EL SÍNDROME DE LA ABEJA REINA: LA PARADOJA DEL TALENTO DIVERSO

LA ESCALABILIDAD DEL MODELO MASCULINO EMPRESARIAL CONLLEVA A GENERAR DIRECTIVAS «CONVERSAS» A LA COMPETITIVIDAD SALVAJE. Y COMO BIEN SABEMOS, LAS CONVERSAS TIENEN QUE DEMOSTRAR MÁS QUE LOS CRISTIANOS VIEJOS SU AFÁN DE COMPETITIVIDAD.

¿POR QUÉ LOS EQUIPOS DE FÚTBOL SE COMPONEN DE GENTE CON DIVERSIDAD DE HABILIDADES? PORQUE LA DIVERSIDAD ES COMPETITIVA.

A PESAR DE QUE HAY BASTANTES DIRECTIVAS «ABEJAS REINA» DEBEMOS EVITAR CONVERTIR EN UNA DISCUSIÓN PUERIL LA DISCRIMINACIÓN POSITIVA. LA DISCRIMINACIÓN POSITIVA ES UN MEDIO PARA VISUALIZAR TALENTO Y NUNCA UNA CONDICIÓN DE EXIGENCIA DE ELECCIÓN.

Hace unos días, coincidí con mi maestro José Mª Prieto, Catedrático de Psicología de la Universidad Complutense, y estuvimos hablando de este síndrome sobre el cual ha dirigido alguna tesis, y me evocó muchas **situaciones de comportamiento** de nuestras directivas. **Este síndrome se refiere a las mujeres profesionales de éxito en un mundo masculino** que son antifeministas y que no tienen colaboradoras de su mismo género.

Prefieren hombres que reafirmen su éxito a mujeres que le recuerden un rol diferente. Además, son «súper madres» que se encuentran a gusto en **el rol femenino de esposa y madre, y no comprenden como otras mujeres optan por otros equilibrios profesionales.** Las directivas «abeja reina» se oponen a las cuotas (si ella ha llegado que igualmente lo hagan las demás), a la visión social de la maternidad (prefieren contratar hombres y si son mujeres que estén en la menopausia) y, ante todo, **les encanta competir contra hombres** para ratificar su autoconcepto del éxito. Pues bien, aunque no son todas sí me he encontrado con muchas mujeres de estas características y en la explicación de su conducta no me valen estereotipos machistas: es que las mujeres no pueden trabajar entre sí, es que la mujer utiliza «armas de mujer» o es que a la mujer le gusta mandar. Más allá de simplismos y metáforas hueras, me gustaría apuntar mi humilde opinión al respecto, que espero que la ciencia psicológica nos aporte luz en un futuro.

La escalabilidad del modelo masculino empresarial conlleva a **generar directivas «conversas» a la competitividad salvaje.** Y como bien sabemos, las conversas tienen que demostrar más que los cristianos viejos su afán de competitividad. Nunca una directiva de éxito puede aceptar que su valor está en la diferencia sino en la sobreactuación de las claves identificativas del sistema. Es decir, una primera razón para ser una directiva «abeja reina» es que ha sido elegida por el sistema y esto la hace defender todavía más el propio sistema. Ya lo decía Joseph Roth sobre el nazismo y los judíos: aquellos judíos que eran respetados por los nazis (habitualmente judíos ricos) eran despiadados con las creencias de los judíos pobres. El sistema justifica el elegir **directivas de un género diferente** a las que les pide que se conviertan en el principal defensor del sistema.

En segundo lugar, la «abeja reina» quiere evitar la competencia de directivas jóvenes y prefiere mantener su estatus de exclusiva en su género. Ser la única mujer de éxito favorece mucho mantener esta situación y es el foco de su enorme satisfacción. He podido comprobar en muchas directivas sus rictus de **autoafirmación** cuando loan su unicidad como directiva. Ser la única es un valor que no quieren perder por apoyar a otras compañeras. Y suelen utilizar planteamientos como que apoyan por igual a los hombres y a las mujeres pero luego sólo tienen hombres como colaboradores. A muchas se les nota su apoyo, nominal y no real, a otras directivas les encanta ser únicas. Parafraseando a Nicolas Boileau: «Para parecer una feminista lo que hace falta es serlo», es decir, menos manifiestos de directivas y más apoyo de género a sus colaboradoras. La pregunta clave sería: ¿Cuántas colaboradoras tenéis a vuestro cargo?

Hay una tercera explicación de la actitud de la directiva «abeja reina» que se basa en las dificultades que han tenido que pasar para llegar a esa posición y no soporta que otras mujeres lo tengan más fácil. Es la actitud del veterano en el ejército que se opone a que un recluta lo tenga más fácil que lo tuvo él. Esta razón se basa en la explicación del sufrimiento como elemento clave de éxito: «Hay que tener penas para obtener metas», como decía mi abuelo palentino. Las directivas explican que el discriminar a las mujeres por su género es inadecuado porque ellas que no lo tuvieron han llegado al éxito. Como decía Corneille: «Los bienes adquiridos sin esfuerzo son un tesoro fugaz».

Y, por último, una cuarta explicación estaría en el **alto nivel de recompensa** que la directiva «abeja reina» obtiene de su entorno masculino. Se la alaba por ser tan femenina aunque piense como un hombre. Los hombres la alaban y ella se reafirma, y las propias mujeres la loan por sus éxitos. Este **nivel de recompensa** le hace que no cuestione en ningún momento su estatus actual y no se plantee apoyar a otras directivas que le puedan quitar su trono.

En fin, podemos reunir estas cuatro explicaciones en estas afirmaciones:

1. El sistema ha elegido a una mujer y hace que ella se convierte en su principal defensora.
2. Quiere ser única y no favorece la competencia de otras mujeres.
3. Que toda mujer pase por las mismas calamidades que ella ha pasado.
4. Que no le quiten las alabanzas de su éxito.

Lo lógico es que la explicación completa sea una mezcla de los cuatro tipos de explicaciones, pero esta reflexión me sirve para plantear el debate de las directivas, las cuotas y la discriminación. El debate no es la igualdad es la diversidad. Lo importante es que tener talento diverso es más competitivo que tener un talento igualitario. Pero debatir la diversidad debe tener dos perspectivas:

Que lo primero es el talento y luego la diversidad. Que sin talento no se puede hablar de diversidad. Ahora disponer de talento diverso es más competitivo que disponer de una visión única y común del talento ¿Qué hacemos para favorecer la diversidad de género en el talento?

Que la diversidad necesita de una igualdad de oportunidades de base, y que esta igualdad no es real en la diversidad de género. Los roles sociales, estereotipos y usos impiden que aflore como normal la diversidad de género en el talento. Por esta razón es bueno una discriminación positiva inicial para equilibrar la visibilidad del talento. La discriminación positiva surge de la desigualdad manifiesta de género que hay en la empresa. Pero esta discriminación debe ser limitada al conocimiento del talento con diversidad de género. Yo creo que no se puede dar un puesto por cuotas, pero sí que es bueno que el género no igualado tenga más oportunidades de aprendizaje, conocimiento y oportunidades para igualarse frente a una situación disímil.

Este planteamiento del talento diverso, que se puede aplicar también a la diversidad generacional, cultural, académica, de experiencia, etc., nos lleva a plantear la discusión en términos de talento y no de igualdad y favorecer la discriminación para dar visibilidad y para tener diversidad en el talento eficaz. Yo creo que la situación es manifiestamente mejorable, no me vale decir que todas las mujeres tienen igualdad de oportunidades cuando no hay «*smart working*» en la empresa, donde el presencialismo sigue siendo fundamental, donde los resultados se miden en tiempo, donde el fin es el proceso y no la solución, en fin, el s. XXI con su acento tecnológico facilita una mayor igualdad de oportunidades para las mujeres. Las mujeres directivas deben dejar de ser «abeja reina» y apoyar el talento diverso creando plataformas de talento y comprometiéndose con la diversidad. Porque la mujer profesional, a la que no le dan una oportunidad para ser directiva, debería decir lo que manifestaba Edmund Burke: «Hay un momento límite en el que la paciencia deja de ser una virtud».

Para terminar, simplemente algunas preguntas que nos tenemos que hacer sobre el talento con diversidad de género en las empresas:

1. **Talento diverso y los equipos de alto rendimiento.** ¿Por qué los equipos de fútbol se componen de gente con diversidad de habilidades? Porque la diversidad es competitiva. Si todos los miembros de un equipo son idénticos al líder, tenemos un grupo de clones. Las ideas diversas surgen de ecosistemas distintos que aceptan visiones diferentes. Pero ya lo decía Goethe: «Actuar es fácil, pensar es difícil, actuar según se piensa es aún más difícil», mucha gente compra este discurso de la diversidad pero a la hora de seleccionar forma un equipo acorde a su zona de confort de lo conocido: hombre, ingeniero, de 40 a 50 años, de la misma universidad y si es posible que sea del Real Madrid y …. luego quiere que haya ideas diferentes en el equipo.

2. **Talento diverso y adaptabilidad al cambio.** ¿Cómo vamos a aceptar el cambio si todos tenemos miedo a

dicho cambio? La diversidad de talento nos posibilita el aceptar mejor el cambio futuro. Alguien tendrá menos miedo a dicho cambio por disponer de habilidades más cercanas a las que favorecen el cambio. Una garantía para el cambio es disponer de talento diverso. El entorno de los negocios nos impide predecir su evolución por su enorme gradiente de cambio, pero si tenemos la diversidad de nuestras capacidades, actitudes y personalidades tenemos más seguridad para afrontar el cambio. La aceptación de las opiniones diversas, las visiones distintas y un acercamiento diferencial a la realidad es una garantía para la adaptación futura al cambio de negocio que seguro que necesitaremos. Siempre recuerdo la frase de un genio del humor como fue Jardiel Poncela que decía: «¿Por qué has de ser siempre el que tengas la razón?.. Permite a los demás alguna vez que valgan tanto como tú». Te sorprenderá dónde está la competitividad futura de tu empresa y qué diversidad de tu talento te puede ser clave en la competitividad futura.

3. **Talento diverso y calidad en las decisiones.** Las unanimidades no suelen tener calidad en su reflexión. La diversidad de opinión nos ofrece la posibilidad de visualizar una temática desde muchos puntos de vista. La riqueza de la discusión distinta sin caer en unanimidades es un factor competitivo. Pensar y actuar diferente en una empresa con un **objetivo común** siempre aflora nuevas visiones y aproximaciones más creativas. Las discusiones son esclarecedoras siempre que no caigan en debates tertulianos. Decía Arquímedes: «El que sabe hablar, sabe también cuándo». La decisión tras el contraste de diversas opiniones es mejor y produce mayor satisfacción al equipo por su realización. Sin debates constructivos no hay riqueza en la decisión.

En fin, que a pesar de que hay bastantes directivas «abejas reina» debemos evitar convertir en una discusión pueril la discriminación positiva. La discriminación positiva es un medio para visualizar talento y nunca una condición de exigencia de elección.

Apoyar una discriminación cuando hay una desigualdad es ético y lógico, pero apoyarme en dicha discriminación para generar otras desigualdades es ilógico y no ético. Primero talento y después que sea diverso. Y todos podemos cambiar; la «abeja reina» en apoyar a otras futuras «abeja reina» y los zánganos en aspirar a ser soldados.

Lo único que un psicólogo tiene seguro es la capacidad de cambio de las personas, como decía el psicólogo Albert Ellis: «Toda persona tiene capacidad para cambiarse a sí misma». Yo ya estoy cambiando… pienso volver a cambiar porque en definitiva es cuando soy más dueño de mi existencia. Y como acababa la película de *Con faldas y a lo loco* de Billy Wilder y decía Osgood Fielding II: «Nadie es perfecto», aunque tu chica en el fondo sea un chico.

? PREGUNTA PODEROSA

¿Qué la diversidad de género es un pensamiento políticamente correcto o es una ventaja competitiva en el desarrollo del talento en la empresa?

♀ IDEA ÚTIL PARA LA PERSONA

La diversidad de talento por el género es un rasgo que suma a tu riqueza de visiones. Y que suplanta otra forma de ver la realidad impropias de tus variables de género conlleva a no confiar en el valor de tu propio talento. Se tu mismo desde tu género.

♀ IDEA ÚTIL PARA LA EMPRESA

El talento diverso necesita también de asumir el género como un adjetivo del talento. Lo importante no es el género sino tener el talento, pero tener diversidad de género en el talento de los empleados es disponer de una mayor amplitud de soluciones frente a los retos del entorno.

EL SÍNDROME DE SHELDON COOPER. O COMO SABER DAR *FEEDBACK*

SER SINCERO NO ES SER SINCERICIDA. DAR FEEDBACK NEGA-
TIVO ES MEDIR LA SINCERIDAD CON EL RESPETO A LA OTRA
PERSONA.

EMILY DICKINSON DECÍA QUE «TODO CARGO ES UN VESTIDO
PRESTADO Y PRECIOSO QUE TENEMOS QUE DEVOLVER». SER
DIRECTIVO ES SIMPLEMENTE UN ROL EN TU VIDA PERO NO ES
TU ESENCIA.

EL FEEDBACK ES UN MANJAR DE COCCIÓN LENTA, PREPARACIÓN
MINUCIOSA Y PARA SABOREAR A LARGO PLAZO.

Parece ser que en épocas de crisis el dar *feedback* sincericida
está perdonado, sin tener en cuenta la huella emocional que
ocasiona por su inadecuación. Utilizando la figura del físico
Sheldon Cooper de la exitosa serie americana *The Big Bang
Theory*, me atrevo a llamar con su nombre al síndrome de
aquellos directivos que instalados en su amplio ego dan *feedback* negativo a diestro y siniestro. Con la disculpa de la crisis,
de la escasez de empleo aprovechan para cabalgar con prejuicios, juicios y post juicios engalanados con la más profunda
sinceridad.

En el arte del *feedback* negativo debemos evitar sus dos principales enemigos: la vanidad del ególatra («No es que yo lo diga...») y el descaro del sincericida («Yo soy así y siempre digo lo que me viene a la mente...»). Los directivos son artesanos del *feedback* porque es la mejor herramienta para autorregular su gestión de personas. Utilizar inadecuadamente estas técnicas nos llevan a acciones tóxicas directivas, que a veces sin pretenderlo el mismo directivo impactan muy negativamente en sus colaboradores. Muchas horas de *coaching* directivo se dedican a modular y gestionar los mensajes negativos, tan necesarios como los minerales para las plantas, pues su carencia como su exceso nos hacer perder la cosecha de la gestión. Fruto de estos procesos de trabajo suelo expresar y trabajar cinco grandes técnicas para dar *feedback* negativo y utilizo muchos trozos de vídeos de las gloriosas frases de Sheldon Cooper:

1. **Primera frase:** «Ya sé que te da miedo decepcionarme, pero espero que te consuele saber que mis expectativas sobre ti son muy pobres». Ser sincero no es ser sincericida. Dar *feedback* negativo es medir la sinceridad con el respeto a la otra persona. Las expectativas y los prejuicios son grandes aliados de la profecía autocumplida. Perseguir las ideas que uno piensa de los demás es muy habitual pero, ante todo, es muy predecible. Valorar a las personas por su conducta no por tu valoración previa es un principio de un directivo que da un buen *feedback*. Una persona considerada como buena puede hacer una conducta inadecuada y una persona considerada como mala puede deslumbrarte con conductas maravillosas. Las expectativas me incitan a sobreactuar al ser sincero, y todo el mundo aceptará la dosis de sinceridad capaz de asimilar. La autorregulación del nivel de sinceridad es básica en un proceso de *feedback*. Como dicen los técnicos de prototipado, hay que tantear para impactar. Tantear en el *feedback* antes de contar toda la verdad, según tu particular visión de la realidad, es una buena teoría. En

fin, la frontera de la sinceridad está en el respecto de las personas y las expectativas son acompañantes engañosas en multitud de ocasiones. Como decía Albert Einstein: «Todos somos unas genios. Pero si juzgamos a un pez por su habilidad de escalar un árbol, vivirá su vida entera creyéndose que es un estúpido!

2. **Segunda frase:** «¡Claro que no soy Newton. Yo habría descubierto la gravedad aun sin la manzana»! La egolatría o como se decía en mi pueblo, los pagados de sí mismos, son un gran inconveniente para dar *feedback* a los colaboradores. Más que importarles la bondad del proceso de *feedback* se centran en ensalzar su valía como directivos. Directores que aburren hablando de sus méritos para desmerecer al que dar *feedback*, ponerse como ejemplo heroico, rehuir a ayudar al colaborador por salir destacando por su capacidad inconmensurable. La humildad y la honestidad son dos de las características básicas del sabio, y también del buen directivo que le diferencian del resto cuando asume una posición terrenal y desde el error aprendido. Más vale el error aprendido en cabeza ajena que el experimentado en cabeza propia. Nadie puede pensar que deslumbrar por su habilidad es un buen ejemplo para dar *feedback*. Siempre recuerdo aquel consejo que nos dio Emily Dickinson en una de sus novelas: «Todo cargo es un vestido prestado y precioso que tenemos que devolver». Ser directivo es simplemente un rol en tu vida pero no es tu esencia. A la humildad y honestidad hay que sumar una tercera H de Humanidad, aquel humano honesto y humilde que te ayuda a reconocer una incapacidad es lo más propicio para que te plantees cambiar. Muchos entornos de directivos de egos revueltos se parecen más a una competición para conseguir medallas que a una humilde apreciación de lo relativo de su rol directivo. Luego una cura de humildad mejora el proceso de *feedback*.

3. **Tercera frase:** «Estoy demasiado evolucionado para conducir». Toda persona (colaborador) es un fin en sí mismo y nunca un medio o recurso. Dar *feedback* es un momento de la verdad de tu tarea directiva y si es negativo todavía más. No es una tarea delegable o expresable en hirientes mails. El *feedback* necesita de la comunicación interpersonal y hay que hacerla en directo. La liturgia del *feedback* es básica tanto en cuanto al sitio (dónde) como al qué. Yo suelo indicar a los directivos que se hagan cinco preguntas (a ser posible por escrito) para dar *feedback* (que son los famosos cinco sirvientes de Kipling):

I. ¿Por qué se da el feedback? Porque es un derecho de un colaborador saber qué opina su jefe y que este se preocupe por el desarrollo de sus colaboradores.

II. ¿Para qué se da el feedback? Para cambiar y mejorar en un futuro sabiendo el impacto y efecto que sus conductas tienen en el trabajo.

III. ¿Quién da el feedback? Por supuesto, el jefe, que para eso dirige. El directivo no es un *coach* (gran error aquellos que se llaman líder-*coach*) sino una persona que tiene que dirigir y se espera de él un sincero *feedback* sobre el trabajo.

IV. ¿Cómo se da el feedback? Hay que trabajar el discurso del *feedback*, los elementos positivos y negativos, utilizar el «no obstante», el «a veces», las opiniones de otros, etc. Son técnicas narrativas muy necesarias para conseguir un buen efecto de tus opiniones.

V. ¿Cuándo y cuánto se da el feedback? El *feedback* tiene un claro recorrido operativo. Los rodeos y las hipérboles no son buenas para dar *feedback* e igualmente que la ironía y el sarcasmo, aunque no debemos olvidar el humor. Dar *feedback* es una tarea, no un suplicio y, por supuesto, no una diversión. Por tanto, el cuándo y el cuánto deben modularse para dar un *feedback* operativo, certero y dialogado.

En síntesis, como se dice en este escueto proverbio alemán: «Cuando el jefe manda bien, huelgan las preguntas».

4. **Cuarta frase:** «Perdona, como sabes, no soy muy bueno leyendo las expresiones faciales, pero esta vez voy a arriesgarme: o estás triste o tienes nauseas». El lenguaje no verbal es fundamental para dar un buen *feedback*. El manejo de la voz (modulada), la mirada, la expresión con las manos y, en general, la actitud vital frente a una tarea tan ingrata que denota la excelencia directiva. Hay un término o neologismo usado mucho en las redes sociales que me encanta y que es la palabra «postureo». El postureo consiste en expresar formas de comportamiento y de pose, más por imagen o por las apariencias. Se nota el *feedback* de postureo, no preparado, improvisado y, ante todo, no centrado en ayudar a la persona. Trabajar el comportamiento no verbal no es imitar gestos de postureos sino más bien centrarse en expresar lo no verbal lo mismo que lo verbal. Y, ante todo, ser sincero sin sobreactuar desde la posición directiva, no te pase lo que contaba Jorge Semprún sobre La Pasionaria, que en su pedestal le dijo: «Jorge, tengo que hacerte una autocrítica». Más que hacer «autocrítica» a los demás háztela a ti mismo en tu forma de dar *feedback*.

5. **Y, por último, quinta frase:** «¡Zas, en toda la boca! (Bazzinga)» Esta expresión de Sheldon, inventada por él, la suelta después de que alguien cae en una de sus bromas. Esta expresión indica la actitud competitiva de cualquier relación que Sheldon entabla y me recuerda a los directivos cuando quieren que su *feedback* sea memorable. La calidad y valoración del *feedback* no depende de tu valoración propia sino de los demás. Muchas veces crees que una persona está convencida de lo que le dice por decírselo, cuando lo habitual es que esté informado

pero no lo asuma. El *feedback* es un manjar de cocción lenta, preparación minuciosa y para saborear a largo plazo. No busquéis la medallita después del *feedback* sino tu autoevaluación de la honestidad de cómo lo has hecho. Yo siempre digo que el *feedback* se puede convertir en un elefante blanco, y cuento la historia del antiguo rey de Tailandia que cuando estaba descontento con un súbdito le regalaba un Elefante Blanco. Era una animal sagrado, muy apreciado y un gran presente, pero el agraciado estaba obligado a cuidarlo y a permitir el acceso a quién quisiera verlo antes, con lo que a menudo se acababa hartando de la situación. El *feedback* debe ser conciso, persistente y espaciado en el tiempo, porque si no estamos regalando un Elefante Blanco.

En resumen, el síndrome Sheldon Cooper lo tienen muchos directivos a la hora de dar *feedback*, porque tienen muchas expectativas y prejuicios, muchos metros cuadrados de ego, no valoran su importancia, no acompañan su lenguaje verbal y, al final, buscan una lógica competitiva cuando es un proceso eminentemente colaborativo. Aprender a dar *feedback* es una habilidad mágica que debemos ejercitar desde la escuela, y seguramente nos iría mejor como directivos, pareja, amigo, padre, etc. Todos los roles necesitan de dar *feedback* para saber autorregular su conducta, porque si no nos veremos como Sheldon, enfrente de una puerta diciendo: «Toc, toc, Penny, toc, toc, Penny, toc toc».

SÍNDROME ALEXIS TSIPRAS: NEGOCIAR DESDE LA DESCONFIANZA

TENER UNA ACTITUD ORIENTADA A LA SOLUCIÓN (COMPRO-MISO) Y NO AL PROCESO (NEGOCIACIÓN) ES BÁSICO PARA GENERAR CONFIANZA.

TODOS SABEMOS QUE SE NEGOCIA MEJOR CON UN «INTELI-GENTE CON PRINCIPIOS» QUE CON UN «INTELIGENTE SIN PRIN-CIPIOS» Y TAMBIÉN SABEMOS LO DIFÍCIL DE LLEGAR A UN ACUERDO CON UN «NO INTELIGENTE CON PRINCIPIOS».

SER HUMILDE SE CONFUNDE CON SER DÉBIL Y NO ES ASÍ, LA HUMILDAD DE MAHATMA GANDHI, TERESA DE CALCUTA O EL PROPIO PAPA ACTUAL FRANCISCO NO SE PUEDE CONFUNDIR CON LA DEBILIDAD DE SUS PRINCIPIOS.

TRES DINÁMICAS GENERAN CONFIANZA EN EL PROCESO DE NEGOCIACIÓN: SINCERIDAD CON LOS ERRORES, HUMILDAD PARA CAMBIAR Y EL SENTIRSE ORGULLOSO DE TU PROPIO.

MUCHOS DIRECTIVOS NECESITAN HACERSE UNA ITV DE SU CONFIANZA ANTES DE METERSE A NEGOCIAR, MOTIVAR Y CAPI-TANEAR NUEVAS AVENTURAS EMPRESARIALES.

En el momento político actual tenemos un típico comporta-miento directivo de libro: Negociar desde la desconfianza. Llamo Síndrome Tsipras a aquél directivo que sin tener la confianza de sus interlocutores se lanza a una negociación sin cuartel.

Todos nos hemos encontrado con directivos que tras la última crisis tienen un enorme estigma de desconfianza y, como si nada, se ponen a negociar desde un rol de poder. La negociación necesita de la confianza para tener éxito. Sabemos que hay diferencias culturales entre los asiáticos, los eslavos, los árabes y los occidentales, pero cada uno con sus reglas idiosincráticas negocian con una serie de principios.

Gestionar la confianza es el primer nivel de una buena negociación porque, como decía la Escuela de Palo Alto a través de Paul Watzlawick, ¿es posible no comunicar? No; comunicamos al no comunicar. Por tanto, la confianza se comunica aun cuando no se comunique. Igualmente podemos decir que todo es una negociación. Y no se puede estar sin negociar. Como hay que negociar continuamente, no podemos tener el síndrome Tsipras y lanzarnos a negociar sin pensar en la confianza.

¿Cómo se gestiona la confianza en una negociación? Para dar respuesta a esta pregunta nos fijaremos en la propuesta de Roy J. Lewicki y Alexandre Hiam en su gráfico de 1998 (ver gráfico 1).

GRÁFICO 1. LA GESTIÓN DE LA CONFIANZA EN EL PROCESO DE NEGOCIACIÓN
Fuente: Roy J. Lewicki y Alexandre Hiam, 1998.

Proponer una negociación en un plano de pérdida de resultados por mantener la relación o de pérdida de relación por mantener los resultados es una situación asimétrica de gana/pierde que sólo puede ser temporal. Toda negociación empieza por fomentar la relación para no perder los resultados. Como estos autores dicen en el libro, el ser asertivo no implica ceder ni imponer, sino solamente establecer tu opinión como un elemento básico en la decisión. No se puede querer negociar sin tener una relación de más o menos confianza con tu interlocutor.

Los directivos con síndrome de Tsipras se lanzan a negociar sin pensar en la relación y se hunden en un balance gana/pierde. El compromiso se avanza desde la relación personal entre las partes y desde, al menos, la confianza en que estamos negociando. Siguiendo los últimos manuales de negociación en los que se pone hincapié en la confianza, me gustaría destacar estas ideas del proceso exitoso de negociación:

1. Actitud hacia el compromiso

La primera derivada para generar la confianza es que se quiere llegar a un acuerdo y se acepta que el acuerdo no será el que yo quiera totalmente, pero tampoco será el tuyo. Antonio Machado, que sabía mucho de negociar, decía: «Cuatro principios a tener en cuenta: lo contrario también es frecuente. No basta mover para renovar. No basta renovar para mejorar. No hay nada que sea absolutamente mejorable». Si Alexis Tsipras hubiese hecho caso a Machado creo que hubiese sido otra la negociación. Tener una actitud orientada a la solución (compromiso) y no al proceso (negociación) es básico para generar confianza. Muchas veces a los sindicatos les he dicho que convencer por agotar no es agotarnos por el convencimiento. Con esta actitud se enfrentó Suárez en la Transición, Lincoln en el Congreso, etc.

2. Autocrítico desde la convicción

Nadie que está muy seguro genera confianza hoy día. La desconfianza del saber dónde se va no debe confundirse con la confianza en tus valores. Estar convencido no significa poder estar en el error. Todos sabemos que se negocia mejor con un «inteligente con principios» que con un «inteligente sin principios» y también sabemos lo difícil de llegar a un acuerdo con un «no inteligente con principios». Tener principios y valores da confianza, mantenerlas por encima de la razón, la situación y la necesidad es de necios. Hay multitud de Dinosaurios con principios que no han evolucionado y en cambio, hay mucho mamífero con principios que han evolucionado. No me gustan los interlocutores que no cambian en el proceso de negociación. Cambiar es lo inteligente, aún más el saber cambiar a donde, como, por quién y para qué es el sumum de la inteligencia. Hay una frase de Adolfo Suarez que los describe: «La vida siempre te da dos opciones: la cómoda y la difícil. Cuando dudes elige la difícil, porque así siempre estarás seguro que no ha sido la comodidad la que ha elegido por ti».

3. Representativo en tu rol

No hay más desconfianza cuando una de las partes necesita de terceros para sellar un acuerdo. Negociar implica ceder, plantear, reenfocar, cambiar, hacer trueques, coligarse, etc. y siempre se necesita del poder de los que negocian. Llamar a terceros, sea un comité, un parlamento o un referéndum, genera variables exógenas al proceso de negociar. Ratificar es a posteriori de una negociación, pues si previamente no tiene la legitimidad como interlocutor seguramente genera desconfianza. Ya decía Sabina que «ser valiente no salga tan caro, que ser cobarde no valga la pena». Hay un punto donde el interlocutor debe jugársela en el acuerdo y no ser lo que digan aquéllos a los que representa.

Estas tres características personales o recursos que legitiman una negociación muchas veces no se analizan al principio en un examen de conciencia. **Estar seguro de querer llegar a un acuerdo, de cambiar desde mis valores y de tener la responsabilidad de a quién represento** son los elementos de un directivo que toma decisiones en una negociación. Pero hay que completarlo con estas ideas del proceso de negociación que generan una dinámica de confianza:

1. Saber reconocer tus errores

El propio Sabina en otra de sus magníficas canciones nos dice: «Cuántos besos me perdí por no saber decirte que te necesito». La honestidad de reconocer tus propios errores genera confianza. Nadie es perfecto, es más el mayor nivel de perfección al reconocer tu imperfección. Mantener un diálogo desde la construcción de tus errores es básico para no tener puntos débiles en la negociación. Ocultar los errores y enmascarar tus decisiones equivocadas te proporcionan un posicionamiento más débil para negociar. Negociar significa no tener más secretos que aquellos veniales que se puedan reconocer cuando afloran. Y el otro maestro de la negociación que fue Antonio Machado nos decía: «¿Dijiste media verdad? Dirán que mientes dos veces si dices la otra mitad». Las medias verdades son mentiras aplazadas. No decir toda la verdad significa no decir nada. «Lo que no se dice no se puede haber escuchado», decía mi querido abuelo palentino.

2. Humildad en el proceso

La prepotencia sirve para imponerse en una negociación gana/ pierde, pero es una rémora si quieres llegar a un acuerdo. La actitud desafiante de Varoufakis no sabemos si era un postureo pero leyendo sus libros se nota la superioridad de un economista sabelotodo. Se debe abordar la negociación con la humildad de cambiar, de aprender durante el proceso y ante todo, de pensar en tu cambio personal donde vaya la negociación. Ser humilde se confunde con ser débil y no es así, la humildad de Mahatma Gandhi, Teresa de Calcuta o el propio Papa actual Francisco no se puede confundir con la debilidad de sus principios.

3. Orgullo de tus cambios

Hace poco leí una biografía de Torcuato Fernández Miranda, al que le llamaban «el guionista de la Transición», y me acuerdo de algunas frases muy características de lo que representó. Como la de «soy fiel a mi pasado, pero no me ata». Todos estamos orgullosos de lo que somos pero si nos ata empezamos a tener una vanidad del pasado. Hay que tener orgullo de tus cambios, de la coherencia actual de lo que representa y ante todo, estar continuamente retándote personalmente con nuevas preguntas. El pasado no sirve si no he podido aprender de él para poderlo superar. El propio Torcuato Fernández Miranda decía: «Nunca la pregunta es indiscreta y sobre todo en política, lo indiscreto sería la respuesta».

Estas tres dinámicas de sinceridad con los errores, humildad para cambiar y el sentirse orgulloso de tu propio cambio genera confianza en el proceso de negociación.

En fin, como digo a mis directivos en los procesos de *coaching*: para negociar bien deben auto reflexionar previamente sobre qué nivel de confianza van a tener con sus interlocutores. No hay mayor solución creativa expuesta desde la confianza que se resista a una negociación. No vale sólo la solución creativa si no te creen porque no has cumplido anteriormente o estás jugando a que pierdes la otra parte. Como dice un proverbio chino: «La negociación se parece al agua de un pozo, al principio está turbia y luego se clarifica». Muchos directivos necesitan hacerse una ITV de su confianza antes de meterse a negociar, motivar y capitanear nuevas aventuras empresariales.

Porque como Goethe apreciaba: «el comportamiento es un espejo en el que cada uno muestra su imagen». Negociar no significa guerrear, significa pactar, y pactar no es ceder es llegar a un compromiso inestable desde la asertividad de tus conductas.

A partir de ahora cuando negocie voy a seguir a Mafalda cuando decía: «¿No sería mejor preguntar dónde vamos a seguir, en vez de dónde vamos a parar?». Porque dentro de unos minutos tengo que negociar con mi hijo de tres años y... que difícil es.

❓ PREGUNTA PODEROSA
¿Por qué es mejor trabajar la confianza de los interlocutores para mejorar la negociación que negociar desde la desconfianza de lo que quiere hacer el otro en el proceso?

IDEA ÚTIL PARA LA PERSONA
Hay que saber negociar, no solo necesitas de la astucia del que negocia sino de trabajar la actitud para generar confianza en el proceso de negociación. Negociar es querer negociar desde la perspectiva de buscar soluciones posibles más que soluciones creíbles.

IDEA ÚTIL PARA LA EMPRESA
Propiciar procesos de negociación donde las partes tengas terrenos de ganancia cada una. Y evitar encerrar las negociaciones en proceso competitivo donde siempre gana alguien e invertir en construir soluciones cooperativas.

SÍNDROME DONALD TRUMP: LIDERAZGO AUTÉNTICO O «AUTENTICIDA»

Donald Trump en USA está representando un verdadero síndrome del directivo o empresario que ejerce el liderazgo desde su autenticidad, pero sin ser auténtico. La tesis de liderazgo auténtico, tan en boga actualmente, no debe confundirse con el gracejo del líder populista que dice lo que otros no se atreven a decir. Ser auténtico significa ser fiel a sí mismo pero respetando opiniones y visiones externas, pero nuestro querido Donald Trump dice lo que piensa y a los que no piensen igual, que les zurzan. Es importante detectar esta conducta directiva de decir verdades como puños, pero que solo son sus verdades y no nuestras verdades. Suele aparecer en directivos con alta experiencia y éxito vital, que arrogado de su prestigio histórico imparte doctrina desde lo obvio y malgasta el concepto de sentido común. La expresión inventada «autenticida» expresa estas conductas que por ser populares son queridas independientemente de las bondades de sus atributos. Hemos tenido ejemplos en nuestra querida España, los fallecidos: Jesús Gil y Ruiz Mateos eran un claro exponente del locuaz «autenticida» que aparentando expresar lo que quiere el pueblo o los empleados vierten sus prejuicios. Pero ¿Cómo diferenciamos al líder auténtico del líder «autenticida»?, vamos a analizar los principales atributos de un líder auténtico (Mandela, Obama, Papa Francisco) y de estos otros líderes «autenticidas» que tanto pululan en el empresariado y entre los políticos profesionales. Como expresaron los autores del concepto de liderazgo auténtico: Avolio y Gardner en 2005, hay cuatro grandes características de un buen líder auténtico que vamos a analizar:

1. **Conciencia de sí mismo** (*Self awareness*). El líder auténtico tiene un conocimiento sobre sus fortalezas y debilidades. Es realista a la hora de conocer y reconocer lo que los demás opinan sobre él. Y sabe cómo y por qué influye en los demás. Esta característica de «conócete a ti mismo», que otros autores como el propio Daniel Goleman exponen, no supone solo lo que uno opina de sí mismo, sino más bien lo que conoce de lo que otros opinan de él. Tener espejos entorno a tu día a día es fundamental para que tu conciencia de ti sea lo más ajustada posible. Y disponer de un equipo de personas que te permita tener un *feedback* adecuado a tu conducta. Ya lo decía Goebbles: «*Una mentira repetida mil veces se convierte en una verdad*». Los líderes «autenticidas» se creen su historia porque la repiten mil veces, excede de sus límites de la realidad y su éxito justifica su distorsión perceptiva. No se es más auténtico por decir obviedades, hablar más seguro y creerse lo que se dice. La autenticidad se basa en tener conciencia de lo que uno piensa, hace, dice, de sus efectos y consecuencias y, ante todo, estar todo el día analizando su cambio personal. Tener conciencia de sí mismo es requisito básico para ser un buen líder y los que tienen el Síndrome Donald Trump no tienen la suficiente humildad para reconocer sus carencias, les falta reconocer sus errores y tener la honradez de aceptar sus limitaciones. Además, el líder autentico trabaja constantemente su cambio personal. Tener las mismas ideas desde siempre es tener el error de no apreciar que el cam-

bio social debe hacerte cambiar. Que la adaptación es el elemento diferencial de tu personalidad, porque no por no cambiar uno tiene más seguras sus ideas. Siempre hay que reconocer el cambio personal como un activo aunque surge siempre la sombra de la duda que expresaba el gran director de cine Billy Wilder: «*Dicen que no encajo en este mundo. Francamente, considero estos comentarios como un halago ¿Quién diablos quiere encajar en estos tiempos?*». El signo de los tiempos acelera el cambio social y por tanto, los líderes que quieren dirigir, influir y gobernar deben adaptar sus principios con autenticidad para ser un valor como líder. No olvidemos que conocerse implica una alta dosis de autocrítica para crear tu propia autoeficacia.

2. **Transparencia en las relaciones (*Relational Transparency*).** Ser transparente no significa no ocultar nada sino más bien la apertura de querer compartir los conocimientos y las emociones que a uno le pasan. Los directivos que se comportan como Donald Trump entienden que son transparentes porque dicen lo que piensan sin tener en cuenta a los demás y que no ocultan nada. Cuando ser autentico significa decir lo que se piensa pero respetando a los otros y compartir con los demás tus percepciones y comportamientos. La transparencia como apertura a los demás pasa por mostrarse tal y como soy y permitir que otros opinen y compartan los pensamientos y emociones no es evidencia en aquellos directivos «autenticidas» que solo saben ser un yo y nunca un nosotros. Frente a la cita de Obama de la Biblia de que: »*Todos fuimos extranjeros una vez*», tenemos una de Donald Trump que dice con su razonamiento pre-filosófico: «*Que todos los inmigrantes mexicanos son criminales*». Los dos son transparentes, pero el primero manifiesta una experiencia, el segundo indica un juicio de valor. Ser transparente puede ser un juicio de valor o una realidad, para mí la transparencia implica compartir y no solo mostrar. De ahí la impor-

tancia de justificar que no es transparente quien dice: »yo digo lo que pienso y allá tú si te gusta o no». El líder autentico se preocupa de debatir transparentemente con sus congéneres, empleados y colegas para intentar mostrar sin ambages su punto de vista y la sinceridad con que piensas lo que piensas. No se trata de hacer un manifiesto sino de compartir dudas. Y, por último, hay un aspecto que nos cuesta compartir para ser verdaderamente transparentes, son las emociones, no solo por el déficit educativo sino por la cultura empresarial. Hablar de emociones es meterme en compartir opiniones personales que nos pueden comprometer. El debate de transparencia necesita de determinar sus límites porque si no, acabaremos como la expresión de Groucho Marx: «*Solo hay una manera de saber si un hombre es honesto, se lo preguntas, y si te dice que sí, ya sabes que es un corrupto*».

3. **Procesamiento equilibrado (*Balanced processing*).** Procesar la información objetivamente, analizando la información relevante y capaz de solicitar a otros sus puntos de vista, no lo suele hacer un directivo con Síndrome Donald Trump. Más bien están hechos a las discrepancias y configuran su opinión con información insuficiente y parcialmente desvirtuada. Estas características son importantes, porque hay multitud de líderes «autenticidas» de escasez de lectura que se les llena la boca de la objetividad, cuando lo objetivo necesita de la fiabilidad intersubjetiva. La única verdad contrasta con su relativismo humano y, por tanto, necesita de percepciones diferentes compartidas desde la honestidad. Esta característica del procesamiento de información es importante para visualizar un mismo hecho desde diferentes perspectivas. Sofía Loren dice en su biografía: «*En el tocador de cada mujer ser puede sentir como Aristóteles cuando decía:*» completa lo que la naturaleza dejó inacabado»», que es una forma elegante de percibir el hecho del maqui-

llaje. Procesar no significa querer influir sino intentar comprender la realidad para ser honestos con ella. Hay muchos directivos que engañan a la realidad, distorsionando su opinión fruto de su dedicación intensiva a crear su propia verdad. Nos encontrarnos con directivos que recogen multitud de datos pero que solo buscan autojustificar su opinión. No deja sin ninguna duda que ser auténtico no es estar encerrado a otras opiniones. Procesar para dudar, dudar para preguntar, preguntar para saber y saber para ser mejor, en nada se parece a esa percepción tuerta del directivo «autenticida». Acabo esta característica con un reflexión de Mario Benedetti que decía:» Me gusta la gente capaz de criticarse constructivamente y de frente, sin lastimarse ni herirse». Procesar con dudas es incrementar tu nivel de objetividad.

4. **Moral internalizada (*Internalized moral perspectives*).** El líder auténtico tiene una clara autorregulación de la conducta según sus propios valores y principios personales. No cede a las presiones del grupo y busca consistencia entre sus creencias y sus valores personales. Fuera están los otros líderes que dan lecciones de moral instalados en la razón pública y cuyo nivel de consistencia con su conducta son escasas. Multitud de dirigentes de doble moral sexual, fiscal, social se expresan en diversas sociedades. Muchas veces la moral no son unos principios sino sus conductas éticas. Ser 3H (humilde, honesto y humano) implica tener conductas reales de humildad (no decir que soy tan humilde), dar comportamientos honestos (hacer lo que se dice y decir lo que se hace), dar comportamientos humanos (solidario no es decirlo sino hacerlo). La moral internalizada es personal y no pública y solo es pública a través de tus conductas la ejemplaridad no es hacer las cosas bien sino hacer las cosas y ser responsable de tu conducta. Hay que mirar a la moral con humildad porque si no nos puede pasar

como al poeta R. Tagore: «*Si lloras por haber perdido el sol, las lágrimas te impiden ver las estrellas*». La estrella de tu moral brilla aunque no haya sol público-

En fin, que el populismo de líderes que hablan de honestidad y no aceptan sus errores, que hablan de humildad y no aceptan sus dudas y que hablan de humanidad y no aceptan la diversidad humana, es sin más un sinsentido humano. El líder auténtico que empieza conociéndose profundamente a sí mismo, nos muestra con transparencia como procesa la información y siempre con unos valores morales internalizados que expresa en conductas. En fin, deseamos que las sociedades desnuden a estos líderes que con el Síndrome Donald Trump que vociferan su verdad con sincera ineptitud y creen que su éxito empresarial puede justificar sus rocambolescos juicios. Menos ladridos y más arrullos. Y estando de acuerdo con Nietzsche que «*Ningún precio es demasiado alto para el privilegio de ser uno mismo*». Pero debemos ser uno mismo desde el cultivo de las dudas, las preguntas y la sinceridad de lo que eres y lo que sientes. Cultivar como nuestros antecesores y pensar como Horacio:» *La fuerza que no va guiada de la prudencia, cae por su propio peso*». Espero que estos tipos de líderes caigan y, ante todo, sirva para que otros no vuelvan a caer… en su redes.

? PREGUNTA PODEROSA

¿Qué es más auténtico aquel que dice lo que quiere, como le da la gana y sin tener en cuenta al otro o aquel que diciendo lo que quiere decir respeta a los más aunque exprese con pasión su punto de vista?

◯ IDEA ÚTIL PARA LA PERSONA

Desarrollar conductas auténticas en un valor para ser el líder que tu llevas dentro peo la asunción de tu liderazgo sin respeto y aceptación de los otros conlleva a perder el realismo de tus posibles errores y asumir una huida hacia adelante auto justificativas de tu conducta prepotente.

◯ IDEA ÚTIL PARA LA EMPRESA

La empresa debe evitar «endiosar» a los líderes por sus resultados y acciones. Justificar la extravagancia como acción habitual no es mala siempre que se asuma el error y el aprendizaje como variables de éxito en tu liderazgo. El líder que se equivoca puede tener una nueva oportunidad de ser mejor líder.

SÍNDROME DEL KNOWMADS: EN TIEMPOS DE TRABAJO CONTINUO

HAY QUE PENSAR QUE LA POSIBILIDAD DEL TRABAJAR EN CUAL-
QUIER SITIO Y A CUALQUIER HORA ES MUY ATRACTIVA SI ASU-
MIMOS LA NUEVA SITUACIÓN DE DEDICACIÓN MÁS EXTENSICA A
TRABAJAR DE UN HORARIO PREDETERMINADO.

QUE EL CONCEPTO DE TIEMPO DE SMART WORKING LLEVA A
CONSIDERAR UN TRABAJO POR OBJETIVOS Y NO POR DEDICA-
CIÓN TEMPORAL. EL PRESENTISMO ES UN USO CULTURAL QUE
RESPONDE A UNA CULTURA DEL TRABAJO MEDIDA EN DEDICA-
CIÓN Y NO EN RESULTADOS.

EL CIVISMO TECNOLÓGICO ES UN CONCEPTO DE ACTUAL REA-
LIDAD. EL DERECHO A DESENGANCHARME DEL ENTORNO TEC-
NOLÓGICO ES LA ACTUAL CAPACIDAD PARA LUCHAR CONTRA EL
ESTRÉS. EL TRABAJO CONTINUO PUEDE SER MÁS ESCLAVO QUE
EL TRABAJO PARTIDO EN UN HORARIO DE DEDICACIÓN.

Es habitual que nos encante tener la comodidad de trabajar
en cualquier sitio y a cualquier hora sin pensar, pero esta libertad es nuestra propia esclavitud. El nuevo ecosistema de trabajo (tecnología masiva) y la deslocalización del puesto de trabajo nos destaca como una conquista social cuando no es más
que un continuo grillete de dedicación. Yo todavía me acuerdo
de viajes en tren donde conversaba con el vecino de asiento,
hacías amistades y no te encerrabas en la contestación del mail
y en whastappear memeces a otros esclavos tecnológicos o a

hablar por móvil con estentóreo volumen. En vez de conocer nuevas gentes y practicar el noble arte de la conversación nos encerramos en bucles de conversación superficial con el colega del smarthphone o con tu replicante habitual. La utilización del concepto de trabajo continuo como una ventaja se está convirtiendo en el objeto de adicción favorito. Tengo que contestar los mails inmediatamente, o estar pendiente de mis grupos de whatsapp, o de enviar un trabajo antes de mañana. La libertad de comunicar nuestro trabajo provoca tiempos de trabajo inverosímiles.

El síndrome del Knowmads se basa en la máxima de pensar que tener la posibilidad de trabajar cuando quieras genera mayor felicidad. La felicidad no está asociada a la forma de trabajo nómada que podemos hacer, sino a tu capacidad de gestión del tiempo. El nivel de madurez como profesional está en el manejo del tiempo de trabajo, en un momento en el que no hay horarios sino libertad de dedicación. Me encantaría trabajar algunas ideas preestablecidas que se están convirtiendo en usos y que deben analizarse para ser un buen knowmad y no caer en este síndrome empequeñecedor:

1. **Tú no eres el dueño del tiempo de los demás.** Te acabo de enviar un mail ¿qué me dices? Tu libertad de emisión del mail en el tiempo y lugar que quieras se convierte en la esclavitud del que te tiene que contestar. El concepto de «empatía tecnológica» habría que extenderlo en multitud de jefes que creen que enviar un mail implica hacer las cosas, o que un domingo por la tarde es un tiempo ideal para que te den una contestación tus colaboradores. Nadie puede impedir tu libertad de emisión, pero igualmente debes tener que pensar que tu colaborador tiene la libertad de contestar cuando lo consideres. No se trata de restringir horarios como tratan de hacer los franceses sino de educarnos en el arte de dar sin esperar recibir. Como decía Kierkegaard: «*La puerta de la felicidad se abre hacia adentro, hay que retirarse un poco para abrirla,*

si no la empuja la cierres cada vez más», la libertad de tiempos de trabajo se puede convertir en esclavitud si creas la obligación de la contestación. No se trata de impedir a los jefes o compañeros que te envíen la información sino que estén educados en atemperar sus necesidades de contestación inmediata. Y manifiesto, como Susan Sontag que nos decía: *«Lo que fue banal puede, con el paso del tiempo, llegar a ser fantástico o fatal»*. Tu tiempo no es el tiempo de los demás, y tu forma de gestión no debe predisponer a pensar que es el tiempo que deben utilizar los demás.

2. **Disponer de la tecnología no implica utilizarla.** Si ponemos medios para que la gente pueda trabajar con libertad no debemos restringir su uso como obligatorio. Encerrar el medio de trabajo como el fin es una visión habitual de considerar la tecnología como un valor compensatorio. Los flamantes smartphones y los sofisticados CRM que te encadenan en tus respuestas, más que darte capacidad te generan ladrones de tiempo. Si tienes 20 grupos de proyectos en el whatsapp que contestar, hacer cinco twitter por la mañana, publicar dos artículos en Linkedin, y además contestar a todos los mails del día ¿Dónde están tus ventajas? Encerrarnos en la tecnología es generar un ecosistema de deberes más intensivo en tiempo, eso si lo puedes hacer tomando una cerveza aunque no disfrutes de ella. A veces pienso ¿trabajo más cuando estoy de viaje que cuando estoy en la oficina? O ¿simplemente mis balances vitales son peores porque tengo yo la responsabilidad de mi tiempo de trabajo? De aquí surge una forma de pensar llamada *«Slow technology»*, que se trata de utilizar adecuadamente la tecnología al momento y, sobre todo, a tus balances vitales. No se trata de ser un beligerante antitecnología que no lleva a nada por la configuración del trabajo actual sino un profesional que disfruta de la tecnología. Saber utilizar la tec-

nología y dedicar sus tiempos pausados y personales en trabajar no implica mirar obsesivamente tu smartphone cada media hora. La tecnología es un medio donde se demuestra tu capacidad para gestionar tu tiempo. Como decía Kant: «*Solo puedo sentirme obligado hacia los demás en la medida en que me obligo al mismo tiempo a mí mismo*». El mensajero (la tecnología) no es el problema sino tu incapacidad para gestionar tu tiempo. Todavía recuerdo aquel turista (que no viajero) que ante una puesta de sol en Venecia junto a su pareja, estaba haciendo una infografía y se perdía el paisaje y la sonrisa de su amor. Igual que el selfi condiciona tu forma de mirar (ves pero no miras) tenemos a la persona con síndrome Knowmads que en vez de trabajar solamente despeja la información.

3. **Centrarse en lo esencial y evitar lo superficial.** La posibilidad de contestar a todo genera tiempos de trabajo intensivos. Parece que un mail no es contestado sino dices que lo vas a contestar aunque no sepamos todavía que le vas a contestar. Entramos en bucles de superficialidad de información del trabajo, frente al spam comercial habría que introducir un botón de pánico para desmoronar el spam comunicacional. Las personas que tienen el síndrome Knowmads no saben utilizar «el silencio tecnológico», no comunica quién más dice que está comunicando sino el que sabe utilizar sus silencios tecnológicos. Siempre recordaré la frase de George Ward: «*El pesimista se queja del viento, el optimista espera que cambie y el realista ajusta las velas*». Ajustar las velas es pensar las contestaciones, mirar alternativas, y no convertir una decisión empresarial en un diálogo de adolescentes con subida hormonal que son algunos whatsapp de trabajo. La tecnología posibilita el spam conversacional y nos evita centrarnos en lo esencial, y no es un problema de número de caracteres, se puede ser muy superficial en 140 caracteres y muy profundo en 2 caracteres o en

300 caracteres. Habría que hacer un análisis de la inutilidad de la utilización de la tecnología como medio que se convierte en contenido. Hay un adagio anónimo que leí en un libro italiano que yo suelo emplear para explicar la superficialidad que nos posibilita la tecnología, decía: «*El placer de una persona inteligente es aparentar ser un idiota delante de un idiota que aparenta ser inteligente*». Estas conversaciones de besugo son habituales en entornos donde la tecnología es tu uso habitual para ejercer el encanto de aparentar saber o ser.

4. **La delgada línea entre ser un «tecnogañan» y la falsedad tecnológica.** Pensar que el trabajo es mejor o peor según el nivel de utilización tecnológica o la rapidez de respuesta es confundir valor con precio como decía Machado. El uso de la tecnología como medio no implica ser un «tech» de estar a la última, el dominio de la tecnología no es lo fundamental de la tecnología. Ser un «tecnogañan» es una actitud huidiza a la realidad, pero igualmente, ser un sibarita tecnológico que destaca por estar a la última moda, pero cae en la mala educación tecnológica. El civismo tecnológico trata de configurar la tecnología como un dominio social y evitar que la naturalidad y la sinceridad imperen en un mundo de relaciones sociales establecidas. Nadie es más simpático pero ser un sincericida guardado en la frialdad de la tecnología. Estamos de acuerdo que el mundo del trabajo es más informal que antes, pero debemos respetar al otro como norma social básica. Y la relajación tecnológica de poder no mirar a los ojos cuando pones una comunicación, hace caer en mensajes hirientes y de diferentes interpretaciones. No todas las personas disponen de claves interpretativas de lo que se quiere decir y aún si están en ámbitos diferentes a un entorno de trabajo más normalizado. La sinceridad puede ser asesina sino se combina con la humildad y la honestidad. El síndrome del Knowmads

se centra en comportarse como uno es pero no en como uno cree que debe comportarse. Aquí la delgada línea entre la falsedad o impostura que se guarda en la tecnología hasta el gañan que uno es independientemente de que utilice el twitter para decirlo. El gran psicólogo Daniel Kahneman nos dice que «*un aspecto sorprendente de tu vida mental es que casi nunca te quedas sin palabras*», pensar en palabras o mejor dicho, no poder pensar sin palabras encadena al profesional a gestionar adecuadamente el contexto de la comunicación. El entorno tecnológico necesita de la comprensión emocional, y si no, porqué surgen los emoticones por la imposibilidad de que los mensajes se entiendan sólo con palabras. En el trabajo las relaciones personales son necesarias más que la lógica de lo manifestado.

5. **Y, por último, la aceptación del error.** Decía Bill Vaughan: «*Errar es humano, pero para estropear las cosas de verdad necesita de un ordenador*». Un error necesita de hablarlo y, a veces, sustituimos el poder mágico de una conversación catártica con multitud de justificación a través del mail. Aceptar que el lenguaje hablado, la cercanía y el contacto visual son fundamentales para explicar y contextualizar nuestros errores de trabajo. Ocultarse, es una verdadera enseñanza de la experiencia en la tecnología, en la distancia y en el trabajo desubicado para tapar nuestros errores se nota demasiado. Hay gente que acepta el trabajo actual como una ventaja para evitar «encajar» los errores, fracasos e incluso las maldades propias de todo trabajo. La tecnología nos da libertad pero nos lleva a pensar de una forma determinada. Decía Francis Blanche :»*En un mundo en constante movimiento es siempre preferible pensar el modo de cambiar que cambiar el modo de pensar*», aceptar el smartworking no implica dejar de ser responsable de tus errores y asumir que el trabajo es una obra social. El aislamiento y vacuidad de las relacio-

nes personales debe sustituirse con mayor comunicación grupal y telefónica. Estar conectado no sólo tecnológicamente, sino también personalmente. Ser un Knowmads debe implicar cambiar el modo de pensar y no pensar el modo de cambiar. Las 3H (humildad, honestidad y humanidad) no deben olvidarse en el entorno de trabajo interconectado y globalizado.

En fin, que ser un Smart Worker no implica caer en el síndrome del Knowmads donde se vuelve al individualismo del nómada frente a la socialización de los pueblos agricultores. Cultivar es un verbo social frente al nomadismo actual. Por tanto, cuanto más se trabaja a distancia más necesitamos sentirnos miembros de una red, una cultura y unos valores. Estos valores deben guiar nuestro comportamiento teniendo empatía tecnológica, practicando el «*slow* tecnológico», gestionando los «silencios tecnológicos», teniendo civismo en el trabajo a distribuir y aceptando el error como medio de aprendizaje. No se puede caer en este síndrome ya que implica aislamiento, adicción, superficialidad y guardarse en el cambio para no ser persona. Recomendaría a todos los que utilizamos la tecnología como medio de trabajo escuchar canciones de Leonard Cohen y, principalmente, dos de sus frases más esclarecedoras, una dice: «*Aunque estoy convencido de que nada cambia, para mí es importante actuar como si no lo supiera*», el ser humano tiene los mismos valores pero siempre que trabajo pienso que puedo cambiarlos y, por último dice en otra canción: «*Actúa de la manera en la que te gustaría ser y pronto serás de la manera en la que actúas*». Hacer es la explicación de tu ser, por tanto, me niego a cambiar mi ser sino me comporto como quiero ser. Las nuevas formas de trabajo no evitarán que busque la sonrisa como expresión de mi éxito profesional.

? PREGUNTA PODEROSA

¿Es el smart working más conciliador son sus tiempos de dedicación extendidos que el trabajo que pone un horario estricto de tiempo de trabajo?

IDEA ÚTIL PARA LA PERSONA

Hay que saber trabajar fuera de la oficina generando tiempos y momentos intercalados de ocio y/o negocios. Saber desconectar y tener momentos de silencios tecnológicos es muy interesante para compensar tu dedicación imprevista.

IDEA ÚTIL PARA LA EMPRESA

La empresa debe dotar de estructura de trabajo la libre ejecución en sitios y tiempos pero favorecer momentos de dedicación personal y/o familiar. La libertad al trabajar no debe estar reñida con la capacidad de liderazgo de los responsables. La lógica conlleva resumir tiempos de dedicación mínimos y máximos para conseguir los resultados.

SÍNDROME DEL QUINTO BEATLE.
O CÓMO IRSE A DESTIEMPO

MANTENER UNA SITUACIÓN DE DESASOSIEGO Y NO COMPRO-
MISO POR MIEDO A TU CAMBIO PERSONAL SUPONE UNA AUTOE-
VALUACIÓN ESCASA DE TUS CAPACIDADES. TRABAJAR TUS
RECURSOS PERSONALES COMO LA AUTOESTIMA, LA CONCIEN-
CIA DE TI MISMO Y LA AUTOEFICACIA SON VARIABLES DE ÉXITO
EN UN FUTURO INMEDIATO.

NO IMPORTA SÓLO LO QUE PASÓ SINO QUÉ HICISTE TÚ Y CÓMO
INTENTASTE CAMBIARLO. HAY QUE HACERSE UNA VERDADERA
ITV DE NUESTRAS MOTIVACIONES, CONDUCTAS Y ACTITUDES
EN NUESTRA EXPERIENCIA ANTERIOR CON UN DISCURSO SIN-
CERO CONTIGO MISMO

Ciertamente, los **cambios profesionales** necesitan de una reflexión exhaustiva en este momento postcrisis. Cambiar por un sentimiento del sufrimiento padecido durante la fatigosa y larga crisis puede empujar a tomar decisiones inadecuadas. Nunca ha sido más verdad que en todos los sitios cuecen habas o que en ningún sitio atan a los perros con longanizas. Esto es lo que llamamos **el síndrome del quinto Beatle llamado Peter Best.** Peter Best fue el primer batería de The Beatles que estuvo en la banda de 1959 a 1962, siendo reemplazado por Richard Starkey más conocido como Ringo Starr. Era hijo de la propietaria de Casbah Club donde tocaban los Beatles en Liverpool, y destacaba por su falta de compromiso con el grupo.

Por otra parte, era ajeno al estilo y cultura del grupo e incluso era más famoso entre las chicas que el resto de los componentes, pero se alegró de salir de los Beatles en 1962, precisamente antes de su inesperado éxito. Es verdad que fue despedido por el melifluo manager Brian Epstein, pero él quería irse porque no creía en los Beatles. Posteriormente, el propio Epstein le organizó otra banda pero no tuvo éxito y acabó como panadero y dependiente cuando era sin duda un gran músico. A los **profesionales que deciden cambiar** o son objeto de un despido por falta de compromiso en épocas como las actuales sin tener en cuenta el contexto les llamo directivos con el síndrome de Peter Best.

Las decisiones del cambio basadas en **criterios emocionales** principalmente tienen el inconveniente de basarse en el pasado más que en el futuro. Es muy lógico que los sinsabores del sufrimiento durante la crisis (bajadas salariales, escasa formación y enorme cantidad de trabajo no retribuido) puedan incitar a precipitar decisiones profesionales. Pero cualquier cambio necesita más mirar al futuro: posibilidades de desarrollo, ilusión de proyecto y, ante todo, apuesta personal por cambiar, ya que un cambio **no es una huida del pasado sino una búsqueda de futuro**. No quiero caer en dar argumentos a la multitud de timoratos que con este artículo puede justificar su inacción, sino más bien **posibilitar un marco de reflexión racional** para tomar decisiones profesionales más adecuadas a tu carrera. Cambiar de un ecosistema a otro supone cambios profesionales y una actitud de adaptación continua del que cambia. No se puede pensar que el nuevo trabajo (nuevo ecosistema) se adapte a nuestras maravillosas capacidades y, ante todo, no podemos pensar que nuestro hacer es mejor que las personas que ya están adaptadas a dicho ecosistema, sino más bien que es nuestro alto nivel de capacidad de adaptación motivada por nuestra rabiosa actitud hacia el cambio el que consigue la mágica fórmula de la adaptación del profesional al entorno nuevo. Siempre recordaré cómo describía el político Leopoldo Calvo Sotelo lo que era un acto electoral, al que nunca se llegó a adaptar; decía que lo peor que tenía un acto para los políticos «*es que los niños te llenaban de babas la solapa del traje*». Con esta frase quedaba claro su inadecuación a cualquier acto político. Hay que querer que te manchen el traje esas maravillosas babas de los niños para conseguir ser feliz dando un mitin. Es, ante todo, un **cambio de actitud si queremos que el cambio profesional sea un éxito**, ya que pensar hacer lo mismo que en el trabajo anterior puede estar condenado al fracaso. Todos aquellos que nos hemos dedicado a la selección sabemos que la mayoría de nuestro éxito no estaba en acertar en el ajuste persona-puesto del que tanto se habla sino en la adecuación de las expectativas y actitud del candidato hacía el nuevo puesto. No se trata de capacidades que son condición necesaria y no suficiente, sino del reto personal y la actitud de la persona lo que define el éxito en un proceso de selección. Yo tenía en mi puesto de seleccionador de Telefónica una viñeta de Quino con la que debatía con los candidatos, en la que decía nuestro profundo caricaturista: «*No es necesario decir todo lo que se piensa, lo que sí es necesario es pensar todo lo que se dice*», y me servía para profundizar en esa entrevista tan psicológica como básica para hacer una buena selección. Una «máquina inteligente» puede predecir a la persona que tenga conocimientos y experiencia similar, pero nunca podrá calibrar el nivel de apuesta personal de cambio que hay en la mirada grandilocuente del candidato hambriento de nuevos retos profesionales.

Para conseguir una **adecuada decisión** de cambio profesional suelo aconsejar analizar los siguientes cinco procesos de pensamiento personal que debe plantearse cualquier cambio:

1. **Hacer un balance equitativo de tu pasado reciente.** La crisis ha golpeado en todos los sitios y a todos los profesionales. Mirar tu experiencia con el cedazo de la amargura sólo nos lleva a valorar los aspectos contextuales y no ser agradecidos con la realidad vivida. Seguro que podemos haber ido mejor, pero fue lo que fue y hay que sentirse

agradecido por haberla vivido. Cuanta más negativa es la percepción de una experiencia anterior más miedo me da a mí que la persona pueda cambiar. Encerrarse en injusticias históricas, en culpables con cara de malo y en tormentas perfectas anteriores es cerrar tu percepción al cambio. Como dice Fernando Savater, «*hay un «nosotros» definible y asumible, yo diría que hasta necesario: el «nosotros» que no supone un «no a otros»*». Habitualmente las personas con esta percepción tan negativa no se incluyen como un nosotros. Son los otros los culpables de lo ocurrido en su experiencia. Parece que él la ha vivido como espectador y no como actor de dicho trabajo. Suelo ver que la necesidad de reflexionar sobre lo ocurrido no nos ocupa mucho tiempo en los procesos de cambios personales. No importa sólo lo que pasó sino qué hiciste tú y cómo intentaste cambiarlo. Hay que hacerse una verdadera **ITV de nuestras motivaciones, conductas y actitudes** en nuestra experiencia anterior con un discurso sincero contigo mismo, pues como decía Cioran: «*El que dice nosotros casi siempre miente*». No hay que decir «nosotros hacemos» sino qué haces tú en el nosotros. Hay que revivir ese discurso que hemos elaborado mentalmente para sobrevivir en un ecosistema paupérrimo que ha sido nuestra experiencia. Pero hay que pensar que el ir a otro ecosistema implica cambiar de pensamiento para adaptarse. No vale abordar las nuevas oportunidades de cambio en el mismo nivel de pensamiento que el anterior y pensar que se adapta la realidad. Es lo que pasaba a Peter Best que, después de haber dejado los Beatles, seguía opinando que él era el mejor músico del grupo. Hay que aplicar conductas diferentes que nos lleven al nivel de adaptación que necesitaremos en el nuevo ecosistema laboral estando dispuestos a cambiar, empezando por una percepción equitativa de tus últimas experiencias, con su claros y oscuros, con sus fracasos y éxitos y, sobre todo, con la limpieza mental de que lo hecho,

hecho está, pero habiendo aprendido lo máximo de esas situaciones. Y Woody Allen nos dice desde su visión de estar continuamente cambiando pero haciendo siempre la misma película que *«las cosas no se dicen, se hacen, porque al hacerlas se dicen solas».*

2. **Mirar de frente al cambio personal.** Encarar el cambio supone aceptar tu aprendizaje como básico. El futuro se describe con tu capacidad de cambiar para adaptarse a la nueva situación. Nadie va a triunfar si no se plantea cuánto tiene que cambiar para seguir siendo el mismo. Tu mismidad (como decía un profesor de filosofía que tenía en COU) está en tu capacidad de ser otro pero con tu propio sello. Ahí está el verdadero cambio, en la fuerza de tu determinación para querer triunfar. Todo nuevo ecosistema será distinto, hay algunos más facilitadores, pero aun así necesitamos de una adaptación. Pero también puede acontecer que nos encontremos con entornos más difíciles, y es aquí donde debe emerger la capacidad personal de aceptar el cambio. Sin duda, el nivel de conocimiento, las redes de mentores personales y la necesidad de trabajar son factores básicos, pero, ante todo, destaca la actitud de querer triunfar. Volviendo a Mafalda cuando dice: *«Dios, mándame ganas de trabajar porque con las de dormir te estás pasando...»*, sólo hay una receta frente a un cambio difícil la actitud de querer triunfar que va a generar unas mayores ganas de trabajar. **Las competencias personales junto a los conocimientos son herramientas** de nuestro «toolkit personal», pero necesitamos el consejo del buen artesano y, ante todo, las ganas de preguntar, de usar las herramientas y, a veces, de tener perseverancia por triunfar. Pensar que el cambio me va a facilitar la vida ya que en el empleo anterior estoy fatal es cometer un burdo error de percepción. Cambiar necesita de tu cambio profundo de forma de pensar y hacer, pero a veces es más sana la

osadía de cambiar que la complacencia de quedarse. No hay un refrán más sabio pero más tóxico que la máxima: «*Virgencita, que me quede como estoy*». Mantener una situación de desasosiego y no compromiso por miedo a tu cambio personal supone una autoevaluación escasa de tus capacidades. Trabajar tus recursos personales como la autoestima, la conciencia de ti mismo y la autoeficacia son variables de éxito en un futuro inmediato. Criticar tu experiencia anterior pero no decidirte a estar en el cambio personal es la mejor garantía para fracasar en tu cambio.

3. **Moverte por personas y no por empresas.** Las empresas son personas que viven en un ecosistema determinado. Y son las personas las que te pueden enseñar, ayudar y facilitar en tu cambio personal para adaptarte. Hay que reflexionar que **no hay empresas ni proyectos interesantes de futuro sin que existan personas que lo representen.** Muchas veces, los profesionales se obnubilan con la persona *«es que es...»*, y pocas veces dicen *«es que confío en...»*. Poner a la persona o al jefe antes que a la empresa y al proyecto en un cambio es una decisión muy sabia. De ahí la importancia del encaje personal en un proceso de selección, ya que no se trata de buscar una persona para un puesto sino una persona con predisposición al cambio personal que supone su adaptación con otra persona deseosa de explicarle cuál es su bandera profesional. Se necesita un jefe que ilusione con un proyecto en una empresa para encontrar personas que quieran cambiar para ser parte de dicho proyecto. Me apasiona la época de la transición política española (1975-1982), ahora tan denostada por aquellos que la vivieron «en manada» o no la vivieron. Yo, que era un adolescente, la viví personalmente, parecía que el cambio social se representaba en mi actitud personal y recuerdo aquella frase, para mí mágica, de Adolfo Suárez: «*La vida siempre te da dos opcio-*

nes: la conocida y la difícil. Cuando dudes elige la difícil, porque así siempre estarás seguro de que no ha sido la comodidad la que ha elegido por ti». Cuántas veces hay multitud de profesionales insatisfechos que se han quedado porque ha elegido la comodidad por ellos. Pero también hay que pensar que en la transición hubo un proceso de selección, como todo en la vida, donde un Rey era el nuevo jefe que tenía una ilusión que vender, y Suárez era un candidato que con sus ganas de triunfar le hacían un buen vasallo para dicho señor. Si no se hubieran movido por las personas no habría existido un proceso de transición política en España. El cambio se basa en la confianza en la persona que «encarna» el cambio. De aquí la importancia de las personas para posibilitar tu cambio personal. Hay que tener «hambre» de buenos jefes, pues ya lo decía P. Lain Entralgo: *«Dios te de sobra de ambición y falta de codicia».* La codicia está en la falsa seguridad de lo que ya sabes hacer y la ambición está en el cambio que te engrandece por el aprendizaje.

4. **Tener tu «coach» para que te asesore en el cambio.** Igualmente que hay que cambiar desde la confianza en otra persona durante el cambio, necesitamos figuras que nos asesoren desde la independencia y el conocimiento. Estos cambios tan importantes en la vida de una persona se suelen tomar sin haber utilizado el asesoramiento externo en el proceso. No valen miradas «contaminadas» internas de la empresa o asesores mediatizados por variables emocionales personales. Hay que buscar figuras que aporten desde su experiencia por sus puntos de vista diferentes y sin interés, estas son miradas «limpias» a una realidad de cambio. Propongo **la figura de un coach** no por reivindicar este rol sino por su visión de hacer preguntas, cuestionar y ayuda a que las personas reflexionen por sí mismas. Todos hemos tenido esos «maestros vitales» a los que le hemos pedido opinión en

estos trances. La figura del confesor en la religión católica o la figura del juez de paz en mi querida Palencia son simplemente formas de expresar el ser un «*coach*» vital. Necesitamos asesoramiento desinteresado que te haga pensar en tu valoración de la experiencia anterior, en el cambio personal que vas a hacer y en la bondad de la apuesta del cambio. Hay que elegir las personas a las que les damos el crédito de ser importantes para nosotros, que puedan influir por el respeto que le tenemos y que sabemos que no dejarán de decirnos las verdades del barquero. Es básico saber elegir tu *coach* en época de cambio y, ante todo, escoger gente que haya «vivido», que tenga experiencia más allá de multitud de conocimientos, porque no estamos buscando quién te explique los porqués de tus cambios sino quien te cuestione y te anime en los cómos de tu cambio. No os obnubiléis por el que quiera ser tu maestro y sé tú quien elija a tus maestros. Yo siempre sigo a Platón cuando decía: «*Los sabios hablan porque tienen algo que decir, los tontos, porque tienen que decir algo*». A veces un buen silencio de tu maestro frente a tu manifestación te genera más pensamientos que mil alocados consejos. Elige quien te influya pero no hagas el cambio sólo, porque tu mera preocupación puede llevarte a una visión incompleta de la bondad o maldad de tu cambio profesional.

5. **Maltratar tu disonancia cognitiva.** Uno de los primero éxitos personales que me sirvió el haber estudiado Psicología fue el aprendizaje del concepto de disonancia cognitiva, lo cual me sirvió hasta para ligar. Yo me acuerdo en mi querida Palencia cuando le explicaba a aquella chica que estaba estudiando secretariado cómo funcionaba la disonancia cognitiva. Y, como estábamos en una cita, le decía que lo peor era que pensara que fue una mala elección quedar conmigo, porque entonces estaba cayendo en la terrible disonancia cognitiva y, por

tanto, tenía que disfrutar de mi inmejorable compañía. Independientemente de la duración del encanto por la palabra, sí tengo que decir que la disonancia cognitiva sigue existiendo en todo ser humano que toma una decisión. Tomar una decisión te lleva al pensamiento fatídico del «*y si yo...*» que siempre acaba en la desazón de lo inútil. Pensar en qué habría pasado si hubiese tomado otra decisión es tan malo como la continua autojustificación de la bondad de tu elección. No hay elección buena o mala a priori sino una decisión que fruto de la capacidad de adaptación hemos hecho buena o mala. En esta actitud de lo que es bueno o malo que nos acontece tenemos mucho que decir quienes actuamos en esta feria. Ser el propietario de tu cambio personal y profesional es la principal aseveración de libertad profesional. No hay un destino predeterminado de éxito y/o fracaso profesional sino una laboriosa tenacidad en querer adaptarse a las nuevas situaciones. Esto no debe hacernos olvidar que nosotros no somos dueños de los cambios del entorno: empresas que fracasan, crisis económica en China, etc., **pero que sí somos dueños de nuestras actitudes y actos frente a una adversidad** que nos puede acontecer en el cambio del trabajo. Maltratar la disonancia cognitiva expresa que no debemos lamentarnos por decisiones pasadas (agua pasada no mueve molino), y tampoco caer en la autojustificación bíblica de por qué hemos hecho esto o aquello. Nuestra actuación es fruto de nuestra capacidad de adaptación y, a veces, buscarle una justificación surge más a posteriori que pensada a priori. Y, como dice un famoso fandango: «*Todo el que dice «yo soy» es porque no tiene quien le diga «tú eres»*, espera a que te digan que tú eres antes de meterte en multitud de pensamientos que rumian una justificación del porqué lo he hecho.

En fin, que hay que pensar y trabajar los cambios personales. Que el inmovilismo es un gran defecto social pero que el cambio como huida suele acarrear multitud de insatisfacción. Que hacer un «proceso» de cambio profesional requiere un ejercicio de claridad mental (valorar justamente tu última experiencia), una apuesta personal (tengo que cambiar yo como persona), un proceso de confiar en otras personas (apostar por personas que sean embajadores de tu nuevo ecosistema), tener un asesor externo (buscar un *coach* que te cuestione) y, por último, ser justo con tu decisión personal (maltratar la disonancia cognitiva). Mi experiencia de asesor me hace pensar que el tiempo que dedicamos a vender nuestro cambio como algo inevitable debemos dedicarlo a fundamentar lo que nos supone personalmente adaptarnos a la nueva situación. El trabajo en un cambio empieza por tu actitud personal a adaptarse a la nueva situación. Y para acabar, un aserto de sabiduría popular que me dijo un día mi abuelo palentino en una ocasión que deambulaba sólo en una fiesta popular: *«No vivas para ser alguien conocido sino para ser alguien que valga la pena conocer».*

? PREGUNTA PODEROSA
¿Qué es mejor plantearse un cambio desde tu momento emocionalmente inadecuado o meter dosis de realismo a tu cambio y tomar decisiones con razones con emoción más que emociones razonadas a posteriori?

♀ IDEA ÚTIL PARA LA PERSONA
Hay que plantearse los cambios de trabajo y de empresa no como una huida de tu presente sino como una búsqueda de tu futuro. Poner el acento en lo que quieres ser más que en lo que no te gusta en tu situación actual.

♀ IDEA ÚTIL PARA LA EMPRESA
La empresa debe posibilitar que las decisiones se tomen por coherencia de carrera profesional y superación de situaciones personales pero con perspectiva de futuro. El cambio es pragmático si el resultado tiene posibilidad de ser aceptado como lógico por tu grupo de referencia más que solo fuera por ser necesario para superar la situación anterior.

(24+1) O 25. EL SÍNDROME DE NO TENER NINGÚN SÍNDROME. SER POLÍTICAMENTE CORRECTO

TENER UN SÍNDROME ES LO NORMAL, LO ILÓGICO ES SER SIEMPRE IMPECABLE EN TU FORMA DE COMPORTARTE.

LO POLÍTICAMENTE CORRECTO IMPLICA A VECES SER INCORRECTO CON TU VERDADERA FORMA DE PENSAR.

LA NATURALIDAD DE SER COMO SE ES NO ESTÁ REÑIDA CON EL AUTOCONTROL DE TU CONDUCTA EN UN CONTEXTO ORIGINAL

Como último síndrome está aquella persona que va de «perfecta» por la vida y niegan que nunca ha tenido una conducta inadecuada. Estos personajes inmaculados me recuerdan lo que se decía de Lacan que era un psiquiatra que necesitaba de un psiquiatra, es decir, todos necesitamos de conductas inadecuadas en nuestra vida ¿sino como aprendemos? La realidad humana necesita de autorregular sus conductas desde el error y el ensayo y no se puede aprender solo del error ajeno no vivido.

Por esta razón, es un síndrome muy patológico aquellos que afirman que ellos nunca han tenido un síndrome. Porque significa un autoengaño en su realidad y una visión superficial de sus equivocaciones naturales en tu quehacer profesional. Igualmente que cuando estudiabas te equivocabas en una pregunta de un examen, son muchas las ocasiones en las que te equivocas en tus comportamientos. Suspendes en tus actos diarios y tienes que utilizar tres técnicas de la psicología positiva que yo considero útiles:

1. Aceptar tu imperfección. Ser imperfecto es ser humano, ya que la perfección es una entelequia que buscamos y no conseguimos. Es el más allá de tu «finesterre», hay que tender hacia ella y luchar pero no para llegar a tenerla sino para poderlo ver que está más cerca. Ser imperfecto es una visión realista de tu acción humana pero que debe considerar lo importante de querer ser perfecto. Este es un reto continuo que no podemos asegurar sólo en momentos exclusivos, hay situaciones donde una persona puede dar la conducta perfecta pero no a cualquier hora y en cualquier momento. Ser perfecto es como ser bueno, que es «bueno» tenerlo como meta o ideal pero que es imposible serlo en todo momento. Hay que ser responsable que ser imperfecto es una constante y la perfección es una variable ocasional. Decía Claudio Magris «Responsabilidad significa pagar el precio y la renuncia que toda acción exige». Ser imperfecto es ser responsable que toda ocasión implica un precio y una renuncia.

2. Saber pedir perdón. Hay gente que pasa por esta vida sin saber pedir perdón. Su continua autojustificación de su conducta conlleva no aceptar equivocaciones y luego ejercer la dulce recompensa de pedir perdón. El perdón es el instrumento psicológico para resetear nuestro cerebro y poder dirimirse de tus errores. Crecer sobre tu error implica aceptar el perdón como escapatoria útil a una situación inadecuada. Si asumes que tu equivocación procede de una inadecuada percepción, de una equivoca cognición y de una inapropiada conducta podemos aceptar que es el otro el que me puede perdonar. El propio cantante Melendi me sorprendió en una

entrevista cuando dijo «Hay mucho que ganar en un perdón a tiempo». Claro que se gana sabiendo pedir perdón principalmente porque nos liberamos de ese fantasma de nuestro comportamiento que se llama culpabilidad. Soltar la culpa que nos autoimponemos cuando nos equivocamos puede paralizar nuestra conducta posterior.

3. <u>Saber dar las gracias</u>. Se puede decir que lo políticamente correcto es dar las gracias pero creo que se nota la sinceridad de saber expresar un agradecimiento. Las gracias auténtica implica un reconocimiento a la conducta del otro más que una justificación de tu conducta. Si es cierto, que hay gente que asume las gracias como una cortesía automática a tu conducta. Por si acaso doy las gracias y así me pongo la vacuna si me equivoco. Pero si no, que cada persona busque su sinceridad en apreciar lo que otra persona te ha obsequiado con su *feedback* o simplemente soportado tu conducta inadecuada.

Yo confieso, que a veces sufro este síndrome. Cuando fuerzo mi rol de psicólogo veo los síndromes en los demás y no los míos. Y por eso voy a hacer lo que escribo y… Acepto que este libro es imperfecto; os pido perdón por mis errores; os doy las gracias por aguantarme hasta aquí; os juro, que me encantaría ser más perfecto pero debo aceptar que la perfección empieza por aceptar tu imperfección.

CONCLUSIÓN: PERSONA SANA PARA SER PROFESIONAL PRODUCTIVO

Habitualmente cuando haces *coaching* a jóvenes en exclusión social se aprenden multitud de técnicas sobre como influenciar, pues al estar habituado al *coaching* ejecutivo de una forma de pensar más semejante y al enfrentarse a estos jóvenes distorsionan tus esquemas. Con un joven árabe hace un tiempo, tras dos sesiones de *coaching* me preguntó «¿Pero tú eres perfecto?». Esta pregunta me obsesiono durante una semana y cuando volví a tener una sesión con él le arroye con justificaciones sobre mi imperfección, mis carencias y mis inseguridades. Y él haciéndome de *coach* mío me respondió «¿No te justifiques, porque lo importante es que quieres ser bueno?» Y a continuación me insistió» ¡Aunque no lo seas, seguro que siempre lo vas a querer ser. Es este caso real el que me llevo a pensar que la salud mental de las personas está en querer ser bueno no en ser bueno. Para acabar este singular libro simplemente ratificar mis tres pensamientos fruto de mi experiencia como psicólogo de la conducta organizacional:

1. Ser auténtico y humilde es la garantía de querer ser bueno.
2. Querer ser bueno como persona te hace crecer como profesional.
3. Y que el profesional productivo se ha planteado una relación sana con su conducta como persona.

En fin, que hay que ser una «buena» persona para conseguir una productividad sostenible y sostenida como profesional.

Y como siempre he utilizado frases de mis lecturas dispersas y heterodoxas me gustaría acabar con una que estoy en desacuerdo. Durante mucho tiempo la he oído, la he visto quien la ha practicado y yo mismo en alguna ocasión he utilizado este consejo dado por el manipulador Maquiavelo. Cuando decía «Más vale ser temido que amado», pues no, al que temes le puedes respetar pero nunca admirar, en cambio al que amas le admiras por encima del respeto. Por tanto, ser un líder amado es un reto tan importante como ser bueno, pero merece intentarlo y luchar diariamente para conseguirlo. Y si no...¡Que nos quite lo bailado!

What do
do you
weekends

What are you

what are
you doing